# 重大管理评论

## China Management Review

### 2016年 第3辑

主　编　刘 星

副 主 编（按姓氏拼音字母排序）

但 斌 杨 俊

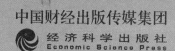

中国财经出版传媒集团

经济科学出版社

Economic Science Press

**图书在版编目（CIP）数据**

重大管理评论. 第3辑 / 刘星主编 . -- 北京：经济科学出版社，2016.12
ISBN 978-7-5141-7701-5

Ⅰ . ①重… Ⅱ . ①刘… Ⅲ . ①企业管理 - 文集 Ⅳ . ① F272-53

中国版本图书馆 CIP 数据核字（2016）第 320111 号

责任编辑：黎子民
责任校对：王苗苗
责任印制：邱　天

**重大管理评论（2016 年第 3 辑）**

刘星　主编

但斌　杨俊　副主编

经济科学出版社出版、发行　新华书店经销
社址：北京市海淀区阜成路甲 28 号　邮编：100142
总编部电话：88191217　发行部电话：88191537
网址：www.esp.com.cn
电子邮件：esp@esp.com.cn
天猫网店：经济科学出版社旗舰店
网址：http://jjkxcbs.tmall.com
北京万友印刷有限公司　印装
787×1092　16 开　11.75 印张　200 000 字
2016 年 12 月第 1 版　2016 年 12 月第 1 次印刷
ISBN 978-7-5141-7701-5　定价 30.00 元

# 《重大管理评论》学术委员会

（按姓氏拼音字母排序）

重大管理评论
2016 年 第 3 辑

# 目 录

China Management Review

2016   Volume 3

# CONTENTS

# 基于信号理论的接包方选择研究

刘　益　廖勇海　苏　芯[*]

**摘　要：**本文从信号理论出发，探讨了离岸知识流程外包（KPO）中接包方的某些特征，是否可以作为信号变量用于帮助发包方进行接包方的选择问题，以及这些信号作用是否会受到两种不确定性的权变影响。我们的实证结果表明：战略联盟、专利数量和技术认证与外包项目绩效存在显著的正相关关系，因此可以作为有效的信号变量。同时，任务不确定性越高，战略联盟和专利数量的信号作用越强；而随着竞争强度的提高，战略联盟、专利数量和技术认证的信号作用都将减弱。

**关键词：**离岸知识流程外包；信号理论；任务不确定性；竞争强度

*刘益，上海交通大学安泰经济与管理学院，长江特聘教授；廖勇海，上海交通大学安泰经济与管理学院，博士研究生；苏芯，上海交通大学安泰经济与管理学院，硕士研究生。基金项目：国家自然科学基金资助项目（71172128）；长江学者和创新团队发展计划资助项目（IRT13030）。

## 一、引　言

接包方选择一直是发包方进行外包战略决策的重要方面，如何选择一个合格的接包方通常是决定外包项目成功的重要因素。特别是在离岸知识流程外包（KPO）中，由于接发包方间存在着跨文化交流的障碍，而双方所涉及的业务通常具有知识密集度高、专业型强且任务复杂程度高等特征，因此，发包方较难判断什么是合格的接包方，这也是较多的离岸知识流程外包项目难以取得预期绩效的原因（Metters，2008）。有研究表明，50%左右的发包方企业通过离岸知识流程外包并没有获取预期中的财务收益，78%的项目在中途就不得不更换接包方（Gorla and Lau，2010）。因此，在离岸知识流程外包中，发包方如何才能选择到合格的接包方、优秀的离岸知识流程接包方应具备哪些特征等问题就成为目前离岸服务外包管理实践中需要解决的关键问题。

围绕如何选择接包方的问题，现有研究主要从经济学角度，关注了接包方选择的成本、质量、风险、灵活性等特征，并借助建模、模拟仿真等数学方法建立了全面的接包方评价体系（Kim，2010；Feng et al.，2011；Fridge and Mueller，2011）。这些研究大多建立在信息对称的假设条件下，忽略了在离岸知识流程外包中，发包方对接包方的选择通常是在信息不对称情景下的战略决策（Grover et al.，1996；张翠华等，2004）。发包方常面临着跨国的、复杂的、多变的情境，在这种情景下，接包方的信息很难被发包方完全掌握，因此发包方也很难对接包方的真实状况做出评价。因此在这种信息不对称的情景下，发包方只能依据部分信号信息对接包方作出选择和评价。

为了弥补现有研究的不足，本文从信号理论出发，提出当存在信息不对称时，信息接收方可以根据信号信息进行决策。信号信息反映的是信息发出方具备的某些关键特征信息，而这些关键性特征信息通常被认为代表了信息发出者的真实情况。本文通过从133家接包方企业中获取的235个离岸服务外包项目的样本数据，实证研究了接包方企业的一些特征信息，如，是否战略联盟、专利数和技术认证的信号作用，以及两种不确定性对这些特征信息信号作用的权变影响。

本文的研究贡献主要体现在以下方面：（1）本文从发包方的角度关注了信息不对称情境下离岸知识流程外包中接包方的选择问题，这在一定程度上解决了离岸知识流程外包中发包方的接包方选择困境。随着服务外包行业的升级，离岸知识流程外包中发包方对接包方的要求愈发复杂多样，但信息不对称的困境也愈发凸显，而现有研究却对此关注不足；（2）本研究探讨并识别了信息不对称情况下，可以作为信号变量的接包方特征信息。现有信号理论研究多集中在劳动力市场、资本市场、IPO 等情境，而本文在离岸知识流程外包情境下，实证研究了战略联盟、专利和技术认证等接包方特征的信号作用，因此拓展了信号理论的应用范围；（3）本研究还考虑了任务不确定性和市场竞争强度在信号变量与项目绩效之间关系的权变效应，从而揭示了对信号变量作用产生不同影响的内生和外生情景因素的作用机制。

## 二、理论背景与假设

（一）信号理论与信号变量

信号理论可以追溯到 1974 年 Spence 对公司员工雇佣问题的研究，他的研究发现，在劳动力市场中，雇主和雇员之间常存在信息不对称的情况，也就是说雇主难以区分雇员的好坏。但是，如果雇佣者不能很好地区分雇员的生产效率，高产的雇工有时会获得比低产雇工更低的工资，这不利于提高员工的劳动生产率。这时如果要实现资源的优化配置，劳动力市场就需要一种被认可的信号，用来区别雇员的生产力高低。例如，教育背景因为与生产力高度相关，而可以被看作是劳动力市场中用于区分雇员好坏或生产力高低的信号。另外，雇员过去的应聘或工作经历也被证实可以作为信号用来区分雇员的生产力高低（Collins and Stevens，2002）。从以上可以看出，信号理论解决的是信息发出方和信息接收方之间信息不对称的问题。只要通过对信号信息进行有效的传递和甄别，信息发送方和信息接收方之间的信息不对称程度才会降低（Connelly et al., 2011）。

这一理论也被广泛应用到股票投资和 IPO 等领域。例如 Park 等（2005）

发现，企业的联盟声明在增强投资者信心方面发挥着重要的信号作用，这也就是说，投资者对那些发布了联盟声明的企业更有信心。Goranova 等（2007）则发现，企业的所有制形式向股东发送了有利的信号；Zhang 和 Wiersema（2009）证实了 CEO 认证在股票市场中是影响投资者决策的信号。Reuer等（2012）则在实证研究中发现，IPO 实践中，投资银行声誉、风投资金名声以及战略联盟等影响着投资者信心。Rao 和 Ruekert（1999）发现，产品的品牌可以作为信号反映产品质量情况从而影响消费者的选择。而在外包实践中，接包方与发包方之间同样存在着信息不对称的情况（施宏伟等 2009）。比如，离岸知识流程外包（KPO）中的发包方在选择接包方时，通常难以获取对方的服务质量的真实情况。这种信息不对称可能使得发包方作出错误的接包方选择决策从而导致外包项目失败。因此，在离岸外包实践中，发包方也需要根据接包方的一些特征信息来作为信号变量进行选择，这些特征信息被市场公认为是一种信号。当这些接包方拥有这些特征时，通常也表明其能够取得良好的外包项目绩效。基于以往信号变量的选取和作用机制，是否联盟、专利数量和技术认证等代表了接包方可获得的资源大小以及受到利益相关者支持的程度，因而可以作为发包方选择接包方的信号变量（Dacin et al.,2007）。

1. 是否战略联盟与项目绩效

战略联盟指两个或两个以上的企业或组织为了达成战略性的共同目标，相互提供或交换资源，以期达成资源互补效用的契约关系。这种契约关系通常表现为技术转移合作、研发合作以及股权投资等（冯子朔，2013）。形成战略联盟可以为组织的知识学习提供便利。例如，企业可以通过战略联盟学习其他联盟企业的技术诀窍（know-how），从而提高企业本身的业务能力和在新领域的发展速度（Swaminathan and Moorman，2002）。形成战略联盟可以帮助企业从其他合作伙伴那里获取到因自身条件或时间限制无法获取的资源，从而获得基于资源的竞争能力。除此以外，企业和市场中其他一些优秀的组织形成战略联盟还将给自身带来声誉优势，这种声誉使其能获得更广泛的利益相关者的支持，从而给自身带来其他更多战略资源的摄入（Zimmerman and Zeitz, 2002; Rao et al., 2008）。这些从联盟伙伴那里获取的资源与知识可以外溢到接包项目中，使接包方能够提供更快更好，更优质的 KPO 项目开发服务。因此，我们提出如下研究假设：

H1：接包方是否战略联盟与 KPO 项目绩效正向相关。

2. 专利数与项目绩效

专利指专有的利益和权利，是世界上最大的技术信息源。据实证统计分析，专利包含了世界 90%~95%的科技信息。在离岸知识流程外包情境中，知识是接包方最为核心的资源和能力。专利数量作为知识能力的重要组成部分，体现了接包方在专有知识、技术诀窍（know-how）方面的沉淀和积累。另一方面，专利体现了组织科研创新的投入以及产出，代表组织对科研创新的重视。专利数量越多，显示组织的创新和技术能力越强。因此在离岸 KPO外包情境下，接包方的专利数越多，越有能力满足客户多样、复杂、知识密集程度高的项目需求，从而越能取得更高的项目质量和项目效率。综上所述，我们提出如下假设：

H2：接包方的专利数量与 KPO 项目绩效正向相关。

3. 技术认证与项目绩效

技术认证包括开发能力成熟度模型集成认证（CMMI）、IT 服务管理认证（ISO200000）和质量管理体系认证（ISO27001/BS7799）等。接包方通过开发能力成熟度模型集成认证（CMMI）表明其在软件开发过程中实现了标准化和流程化管理，软件开发过程达到了稳定性、重复性和可控性的要求；通过 IT 服务管理认证则表明其在 IT 服务过程中实现了标准化和流程化管理，从而能防范因 IT 服务中断所导致的业务风险发生；而通过质量管理体系认证（ISO27001/BS7799）则表明其在制定质量方针目标以及质量策划、质量控制、质量保证和质量改进等质量管理过程中实现了标准化和流程化，从而能有效保障产品或服务质量目标的实现。因此，通过上述技术认证的接包方通常被认为具备保证项目质量和项目成本效率的能力，而这些能力将有助于提升接包方在离岸知识流程外包项目（KPO）的项目绩效。因此，我们提出如下假设：

H3：接包方的技术认证与 KPO 项目绩效正向相关。

（二）不确定性的权变效应

权变理论认为，企业的战略、组织架构及其他组织行为需要与特定的组织情景相适应，只有那些实现了与情景相适应的公司才能达到预期的绩效目标。在战略管理领域，不确定性、复杂性和慷慨性等变量通常被用来测量企业所处的情景（Aragon-Correa and Sharma，2003）。其中的不确定性反映企业所处情景的动态变化性和难以预测性，同时也被认为是新兴市场国家的突出特征，因而其权变影响受到了广泛的关注（Tang and Hull，2012）。

　　根据以往研究，不确定性又可以分为任务情景的不确定性和外部情景的不确定性（Slangen and Van Tulder，2009）。这里，任务情景的不确定性或任务不确定性描述的是企业在完成任务的过程中，所涉及的顾客需求和信息技术等情景要素复杂多变且使企业难以预测。在离岸知识流程外包（KPO）中，由于项目所涉及的顾客功能需求、核心技术、实现方式及参与者构成等环节都较为复杂，接包方在项目实施过程中常常感受到难以把握任务情景中的需求和技术等要素的变动。而外部情景的不确定性描述的则是企业所处的外部竞争环境、技术环境和制度环境等的动态变化性和难以预测性。在离岸知识流程外包（KPO）中，由于存在大量的竞争者，使得接包方难以有效地预测竞争对手的竞争行为，竞争情景存在较大的不确定性。竞争强度，一方面反映了企业间的竞争激烈程度，另一方面也反映了各类企业竞争行为的多变性和难以预测性，是反映外部竞争情景不确定性的代理变量（Atuahene‑Gima，1995）。以上这两种不确定性是接包方企业完成离岸知识流程外包（KPO）项目所面临的内外部情景的不确定，接包方企业的战略联盟、专利申请和技术认证等行为只有与这两种不确定性相适应，接包方企业才能取得较好的项目绩效。

　　1. 任务不确定性的权变作用

　　任务不确定性越高，表明外包项目存在较多的意料之外的顾客需求变化，如顾客对服务总量需求的变动、服务功能和期限需求的变动等（王良等，2013）。在这种环境下，接包方要取得良好的项目绩效则需要更加了解客户需求，掌握新的技术，更新现有的知识和能力基础，以及获得更多的利益相关者支持。而战略联盟能在接包方与合作伙伴间建立起一种以互惠和信任等为基础的协同关系，从而帮助接包方获取到那些对提升项目绩效具有重要作用的信息、知识、资源和利益相关者的支持等。因此，在这种不确定性环境下，那些有战略联盟的接包方通常更有可能取得较高的项目绩效。综上所述，我们提出如下假设：

　　H4a：随着任务不确定性的增加，是否联盟与KPO项目绩效的正向关系增强。

　　任务不确定性越高，表明项目所涉及的核心技术越复杂且越多变，这时接包方要想高质量且高效率地完成任务，就需要具备解决这些复杂技术问题的知识和经验基础。而专利本身是企业研发活动的直接成果，反映了企业在某一领域内积累和掌握的知识经验。专利数量越多，就代表企业掌握的知识和经验越多且越深入（李忆等，2014）。因此，当存在高度的任务不确定性时，那些拥有较多专利数量的接包方越有机会凸显其能发挥自身的知识优势去解决由不确定性带来的复杂问题，从而有效提升项目绩效。综上所述，我们提出：

H4b：随着任务不确定性的增加，专利数与 KPO 项目绩效的正向关系增强。

任务不确定性越高，除了给接包方带来更加复杂的问题外，还会干扰甚至打断接包方正常的运营或服务过程，从而影响到组织的运行效率和生产效率。而 CMMI 和 ISO 等认证作为目前离岸 KPO 领域最为重要的技术认证系统，通过对组织项目流程的改造，可以有效提升组织运行效率；并且促使组织在规定时间和额定预算内完成任务，从而提升组织生产效率。因此，在任务不确定性环境高的情境中，拥有 CMMI 和 ISO 等认证的公司更能抵御由任务不确定性带来的对运营过程的负面影响。此外，CMMI 和 ISO 等认证作为目前在外包实践中得到广泛认可的技术认证体系，它能为组织带来利益相关者的认可和支持。如当接包方通过了这些技术认证体系后，金融机构会更愿意为其提供金融支持，政府部门也会更愿意向这些接包方提供相关的税收补贴和其他行政支持等。因此，在任务不确定性环境高的情境中，拥有 CMMI 和 ISO 等认证的公司更容易利用外部利益相关者的支持从而获得更好的项目质量和项目效率。综上所述，我们提出如下假设：

H4c：随着任务不确定性的增加，技术认证与 KPO 项目绩效的正向关系增强。

2. 竞争强度的权变作用

在高强度的市场竞争环境中，接包方要想成功地完成知识和技术密集的离岸知识流程（KPO）外包项目，则需要获取更多的资源来抵御竞争对手的竞争。这就要求接包方必须要采取有效的手段以抵御竞争对手的资源竞争或取得比竞争对手更强的资源获取能力。而战略联盟由于在合作伙伴间建立了互惠和信任等机制，一方面可以在合作伙伴间形成协同从而增强接包方对外部资源的获取能力，另一方面又能在合作伙伴间实现资源共享、知识学习和信息交流。因此，战略联盟可以帮助接包方抵御由于市场竞争带来的资源竞争威胁，从而使得接包方取得比那些没有形成战略的接包方更高的项目绩效。综上，我们提出如下假设：

H5a：随着竞争强度的提高，是否联盟与 KPO 项目绩效的正向关系增强。

在高强度的市场竞争环境中，发包方对接包方项目实施结果的要求将变得更高。如发包方会为离岸知识流程（KPO）外包项目设定更多的技术要求标准，并且要求接包方提供更多高素质的项目执行人员，以及要求接包方采用当前最先进的技术为其提供更加高效的技术解决方案等。专利数量本身代表的就是接包方技术知识和经验的积累，因此在高度竞争的市场环境中，那些拥有较多专利数的接包方将通过获取或者积累了较多知识和技术而会更加获得发包方的青睐，同时也越能满足发包方的技术要求，从而取得更高的项目绩效。综上，我们提出如下假设：

H5b：随着竞争强度提高，专利数与KPO项目绩效的正向关系增强。

当行业竞争强度越高时，发包方除了对离岸知识流程（KPO）外包接包方的项目实施提出更高的技术要求以外，还会提出更高的质量和/或更低成本要求。而较高的项目质量和/或更低成本则需要接包方具有高效率的和标准化的服务运营流程作为支撑。而那些取得 CMMI 和 ISO 等认证的接包方通常表明其在软件开发过程中达到了稳定性、重复性和可控性的要求，以及在质量控制、质量保证和质量改进等质量管理过程中实现了标准化和流程化，从而能有效保障产品或服务质量目标的实现。因此，在激烈的市场竞争环境下，那些取得了CMMI和ISO等认证的接包方通常会取得更高的项目绩效。综上，我们提出如下假设：

H5c：随着竞争强度的提高，技术认证与KPO项目绩效的正向关系增强。

## 三、数据收集

### （一）样本数据收集

根据以往学者的研究成果，并结合所研究对象的特点，我们设计了调研问卷。问卷中所有变量测量的指标都是基于现有文献的成熟量表。问卷调研的样本来自于西安、苏州和大连三个城市中承接离岸服务外包的企业。选择这三座城市的原因是：（1）西安、苏州和大连都属于商务部指定的服务外包示范基地城市；（2）在承接离岸服务外包业务中，这三座城市分别侧重于不同国家和地区的客户，从这三地收集的数据覆盖面更广，从而更好地反映出当前离岸服务外包的客户现状；（3）从地理分布上看，西安、苏州和大连分处于中西部、东南部和东北部，地理跨度较大，也较好地反映了区位的代表性。

我们首先从西安软件园、苏州工业园和大连软件园随机抽取了900家接包方企业，这些企业名单是由当地园区管理委员会提供的。其次，我们通过电话、邮件等方式与这些接包方企业取得联系，并询问他们近些年是否承接过离岸知识流程外包（KPO）项目，在当地园区管理委员会的帮助下，719家企业予以回应，其中298家接包方企业表示近期交付过离岸知识流程外包（KPO）项目。然后，8名营销学或管理学的博士生对这298家接包方企业逐一拜访，提醒并鼓励其参与问卷调研。最后，141家接包方企业表示同意参与。最后，我们收集到了254个离岸知识流程外包（KPO）项目的相关数据，在剔除一些不完整以及不匹配的问卷后，我们从133家接包方企业获取了235个离岸知识流程外包（KPO）项目的最终样本。问卷的有效回收率为44.6%。针对每个离岸知识流程外包（KPO）项目，我们要求由两个不同的关键信息人员分别填写问卷，这样可以减少共同方法偏差（Common method variance）（Podsakoff and Organ，1986）。最终结果显示84%的问卷填写人员是经理或者项目的参与者，他们在本企业中平均工作年限为3~9年，此外，90.1%的问卷填写人员拥有学士或者硕士学位。

（二）测量

根据以上的研究思路，本文共涉及战略联盟、专利数量、技术认证、任务不确定性、竞争强度和项目绩效，以及一些控制变量的测量指标。

1. 被解释变量

项目绩效：离岸知识流程服务外包行业，项目绩效是对外包项目成功与否的最主要评价标准。从评价指标上来看，项目绩效主要分为两方面，项目质量和项目效率（Gopiraj，2009）。项目质量反映了项目绩效中技术方面的问题，包括对客户所需特征和功能的满足，项目效率反映了项目绩效中经营性因素，设计项目是否在预算内、是否按时完成交付等。项目绩效是在综合考虑项目时间、成本、质量等基础上，用于评价离岸服务外包项目效率和结果的指标。本文设计了5个指标并采用7点量表来测量项目绩效，具体包括："该项目是在预算内完成的；该项目是按时完成的；该项目实现了顾客要求的全部特征和功能；该项目实现了关键的项目目标和业务需求；整体来看，该项目是很成功的"。

2. 解释变量

企业是否战略联盟：采用 0-1 变量进行测量。

企业专利数量：采用客观数据方式进行处理，由问卷被访者按照所在公司实际情况如实填写完成。

企业技术认证：采用 0-1 变量进行测量，也就是询问被访人员"您所在企业是否获得相关技术认证（如 CMMI 等）"。

3. 调节变量

任务不确定性：研究中的任务不确定性构件主要借鉴 Rustagi.etc（2008）的研究，并采用 7 点量表进行测量。具体题项为："与该外包业务联系紧密的业务流程短期内相当稳定；与该外包业务联系紧密的信息技术短期内相当稳定；在短期内，该外包业务的完成情况具有良好的可预测性；该外包业务存在可遵循的既定流程与惯例"。

竞争强度：竞争强度反映了市场上竞争的激烈程度。它包括以下几个维度：行业内竞争对手数量、行业价格与非价格竞争激烈程度、产品模仿、相似程度以及竞争对手实力等方面。基于 Fynes 等（2005）的研究，本文设计了 5 个题项来测量竞争强度："我们所处的外包行业内存在很多促销战；行业内任意一家企业所能提供的产品/服务，其他企业都能轻易提供；我们所处的外包行业价格竞争是一大特征；在我们所处的外包行业内，人们几乎每天都能得知对手新的竞争性行动；我们所处的外包行业竞争对手的实力较强"。

4. 控制变量

基于以往研究，我们在研究中选取了企业销售额和员工总数作为控制变量。另外，为了避免异方差偏误，在进行回归分析之前，本文均对控制变量进行了 LN 处理。

（三）信度和效度分析

本文通过 $\alpha$ 系数来判定测量的信度，当 $\alpha$ 取值在 0.7 以上，说明变量测量具有良好的信度。从表 1 中可以看出，所有变量的 $\alpha$ 值均大于 0.7，表明本文涉及的变量测量均具有良好的信度。本文采用两种方式来检验收敛效度：（1）计算了每一个指标的因子载荷，除了任务不确定性的第一个指标的因子载荷值为 0.433 以外，其他指标的因子载荷都在 0.7 以上，参考 Zhou 等（2005）的研究，因子载荷在 0.4 以上也可以接受（见表 1）。因此，本文变量测量均表现出良好的收敛效度；（2）计算了每个变量的平均提取的方差百分比（AVE）如表 1 所示，因子的平均提取方差百分比从 52% 到 76%，均大于

50%，表明变量测量具有良好的收敛效度。另外本文使用比较变量的 AVE 平方根和该变量与其他任何一个变量相关系数的方法来反映变量测量的判别效度。由表 2 显示，变量的 AVE 平方根均大于该变量与其他变量的相关系数，这表明了变量测量均具有良好的判别效度。

表 1　构件测量

| 构件 | 项目 | 因子载荷 | CR | AVE | Cronbach's α |
|---|---|---|---|---|---|
| 任务不确定性 | (1)与该任务联系紧密的信息技术短期内稳定(R) | 0.433 | 0.832 | 0.566 | 0.715 |
| | (2)该任务所需的一系列步骤难以确定 | 0.868 | | | |
| | (3)该任务可参考的知识体系不明确 | 0.846 | | | |
| | (4)在该任务执行过程中，行动情况、参与者及任务方面的变动程度很大 | 0.78 | | | |
| 行业竞争 | (1)我们所处的外包行业竞争非常激烈 | 0.752 | 0.852 | 0.569 | 0.843 |
| | (2)我们所处的外包行业内存在很多促销战 | 0.721 | | | |
| | (3)行业内任意一家企业所能提供的产品/服务，其他企业都能轻易提供 | 0.71 | | | |
| | (4)我们所处的外包行业价格竞争是一大特征 | 0.816 | | | |
| | (5)在我们所处的外包行业内，人们几乎每天都能得知对手新的竞争性行动 | 0.865 | | | |
| | (6)我们所处的外包行业竞争对手的实力较弱 | 0.641 | | | |
| 项目绩效 | (1)在预算内完成 | 0.705 | 0.898 | 0.639 | 0.847 |
| | (2)按时完成 | 0.832 | | | |
| | (3)实现了客户要求的全部特征和功能 | 0.811 | | | |
| | (4)实现了关键的项目目标和业务需求 | 0.791 | | | |
| | (5)整体上看，项目是成功的 | 0.851 | | | |

表2　相关系数表

| 变量 | 1 | 2 | 3 | 4 | 5 | 6 | 7 |
|------|---|---|---|---|---|---|---|
| 1.销售额 | | | | | | | |
| 2.员工总数 | 0.66** | | | | | | |
| 3.专利数 | 0.223* | 0.314** | | | | | |
| 4.是否战略联盟 | 0.236** | 0.326** | 0.147 | | | | |
| 5.技术认证 | 0.190* | 0.276** | 0.111 | 0.079 | | | |
| 6.任务不确定性 | -0.121 | -0.250* | -0.014 | 0.062 | -0.140 | | |
| 7.竞争强度 | 0.023 | 0.143 | -0.020 | 0.044 | -0.006 | -0.064 | |
| 均值 | 4.45 | 2.03 | 5.14 | 0.61 | 4.98 | 2.54 | 4.81 |
| 标准差 | 2.37 | 0.62 | 27.97 | 0.49 | 1.61 | 0.74 | 0.88 |

注：*在0.1的水平上显著相关，**在0.05水平上显著相关，***在0.01水平上显著相关。

## 四、实证检验分析

表2所示的是相关系数表，变量的相关系数值表明本文的实证分析过程较少受到多重共线性的影响。另外本文选择分层回归方法进行实证分析，表3则是分层回归的统计结果。图1是实证检验结果的示意图。

通过对模型2、3与模型1的对比，我们发现，当研究的主效应进入研究模型后，反映模型解释力度的$R^2$值有所提升，例如从模型1到模型2，回归模型的解释力度提升了0.134，表明自变量的添加使得模型对项目绩效的解释程度有了提升。我们还发现在模型2中，专利数与项目绩效显著正相关（$\beta=0.185$, $p<0.1$）；是否战略联盟与项目绩效同样呈现显著正相关（$\beta=0.282$, $p<0.1$）；而企业技术认证与项目绩效也显著正相关（$\beta=0.171$, $p<0.1$）。这表明假设1，假设2和假设3均得到了证实。对模型3~模型6的结果观察，离岸知识流程接包方的专利数、是否战略联盟以及技术认证等三个自变量的回归系数始终为正，且均通过了10%的显著性水平检验，这表明本研究的实证研究结果具有一定的稳健性。

从模型3到模型4，模型的拟合度$R^2$提升了0.036，模型F值仍保持显著，这表明我们新添加的变量提升了模型的解释力度。为了验证任务不确定性对战略联盟、专利数、技术认证等自变量的调节效应，我们添加了任务不确定性与这3个自变量的交互项进入模型。观察模型4的回归数据，我们发现，专利数和任务不确定性交互项的系数显著为正（β=0.157，p<0.1），技术认证和任务不确定性的交互项系数显著为负（β=-0.182，p<0.1），是否战略联盟和任务不确定性的交互项系数显著为正（β=0.203，p<0.01）。因此我们可以得出结论，任务不确定性增强了战略联盟以及专利数与项目绩效的正向相关关系。表明任务不确定性程度越高，是否战略联盟、专利数量与发包方的项目绩效正向相关性越强，因此假设4a与假设4b成立。但是假设4c并没有得到支持。

模型5是为了验证竞争强度对战略联盟、专利数与技术认证等自变量的调节效果。将模型5与基础模型3比较，$R^2$提升了0.05，模型F值保持显著，表明加入竞争强度和这三个信号变量的交互项提升了模型对因变量的解释力度。数据结果表明，专利数和竞争强度的交互项系数显著为负（β=-0.35，p<0.1），技术认证和竞争强度的交互项系数显著为负（β=-1.04，p<0.1），是否战略联盟和竞争强度的交互项系数显著为负（β=-0.217，p<0.1）。这表明竞争强度并没有按照我们在假设中的那样，增强信号变量对发包方项目绩效的正向相关关系，反而削弱了这种正向相关关系。同样我们在观察模型6之后，发现数据结果并没有太大差异。综合来看，假设5a\5b\5c都没有得到验证，数据分析反而表现出了与预期相反的结果。

### 表3 分层回归模型结果报告

| 变量 | 模型1 | 模型2 | 模型3 | 模型4 | 模型5 | 模型6 |
|---|---|---|---|---|---|---|
| 1.销售额 | 0.237* (0.094) | 0.242* (0.099) | 0.178* (0.092) | 0.232* (0.097) | 0.222* (0.097) | 0.181* (0.095) |
| 2.员工总数 | 0.321* (0.094) | 0.359* (0.095) | 0.214* (0.095) | 0.245 (0.101) | 0.267* (0.098) | 0.156* (0.096) |
| 3.专利数 | | 0.185* (0.084) | 0.117* (0.081) | 0.252* (0.091) | 0.149* (0.085) | 0.407 (0.147) |
| 4.是否战略联盟 | | 0.282* (0.086) | 0.210* (0.087) | 0.279* (0.086) | 0.224* (0.087) | 0.346* (0.09) |
| 5.技术认证 | | 0.171* (0.083) | 0.203* (0.080) | 0.161* (0.089) | 0.151* (0.084) | 0.180* (0.088) |
| 6.任务不确定性 | | | -2.85* (0.086) | -2.263* (0.097) | -0.238* (0.089) | -3.332* (0.097) |
| 7.竞争强度 | | | 0.178* (0.079) | 0.113 (0.097) | 0.168* (0.085) | 0.188*** (0.144) |

| 变量 | 模型1 | 模型2 | 模型3 | 模型4 | 模型5 | 模型6 |
|---|---|---|---|---|---|---|
| 8.专利数×任务不确定性 | | | | 0.157*(0.095) | | 0.365(0.159) |
| 9.技术认证×任务不确定性 | | | | -0.182*(0.096) | | -0.303(0.126) |
| 10.是否战略联盟×任务不确定性 | | | | 0.203*(0.098) | | 0.196(0.101) |
| 11.专利数×竞争强度 | | | | | -0.35*(0.086) | 0.332(0.141) |
| 12.技术认证×竞争强度 | | | | | -1.04*(0.084) | -1.22*(0.087) |
| 13.是否战略联盟×竞争强度 | | | | | -0.217*(0.082) | -4.36***(0.145) |
| Model F | 4.312** | 2.262** | 2.979*** | 2.185** | 1.680** | 1.665** |
| $R^2$ | 0.092 | 0.226 | 0.293 | 0.329 | 0.343 | 0.44 |
| $\Delta R^2$ | | 0.134 | 0.067 | 0.036 | 0.014 | 0.097 |

注：*在0.1的水平上显著相关，**在0.05水平上显著相关，***在0.01水平上显著相关。

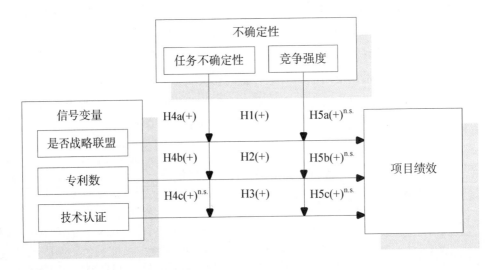

图1　实证结果

注：n.s.表明此假设未获通过。

## 五、结论与启示

（一）研究结论

本研究发现，离岸知识流程外包（KPO）接包方企业是否战略联盟、专利数量以及技术认证等要素，与 KPO 项目最终的项目绩效具有显著的正向关系。另外，本文还关注了内外部情景不确定性的权变影响。我们认为，任务不确定性和竞争强度会加强这些变量对项目绩效的影响效果。然而，我们的研究结果并没有完全支持这些假设。结果显示，任务不确定性程度越高，接包方企业的战略联盟和专利数量对发包方项目绩效的正向影响越强。表明在存在较高任务不确定性的情景下，那些形成战略联盟和拥有较多专利数量的接包方企业由于能够获得更多的外部资源以及自身内部的知识积累优势取得了较高的项目绩效。然而，任务不确定性却对技术认证（ISO 和 CMMI 等）和项目绩效的关系产生了负向的调节影响。这可能是因为技术认证更关注企业内部项目、流程、进度、工程等如何进行标准化管理。当任务不确定性程度高时，任务变得更为复杂多样，知识和能力需求也更加多元化，单纯的标准化和规范化降低了接包方的内部柔性，甚至形成组织刚性。使得接包方在面对不确定性带来的挑战时可能过于依赖过去的经验知识或规范，从而难以应对任务不确定性带来的突发性难题和挑战。

另外我们的研究还发现，竞争强度负向调节了接包方战略联盟、专利数量和技术认证对项目绩效的正向作用。这可能是因为随着竞争强度的增加，行业内同质化现象也越发严重，越来越多的竞争者会选择形成战略联盟、获取专利和相关技术认证等来应对发包方更高的资源要求、技术要求、质量和低成本要求等。这种同质化现象使得接包方通过战略联盟、获取专利和技术认证等提升项目绩效的作用减弱。

（二）管理启示

信息不对称是发包方在对离岸 KPO 接包方进行筛选中面临的主要挑战。而本文的研究结果正好可以为这一管理问题提供以下借鉴：

（1）KPO 发包方在进行离岸接包方选择时，需要重点关注接包方的战略联盟、专利数和技术认证等情况。通过对上述信号变量的评估，发包方可以在接包方选择上做出更为准确的判断。这是因为从本文的研究结果来看，那些有战略联盟、获得较多专利认证和技术认证的接包方通常表现出较高的外包项目绩效。

（2）在高度的任务不确定性的情景下进行接包方筛选时，发包方企业应该减少对技术认证的关注而重点关注接包方的战略联盟情况以及专利数量。在任务环境存在高度不确定性时，战略联盟为企业带来的资源获取优势，以及专利体现的知识积累都能帮助企业很好地应对这种不确定性的威胁从而取得较高的项目绩效。而在行业竞争程度越高的环境下，发包方则应该降低对接包方战略联盟、专利数量和技术认证的关注程度。因为在激烈的市场竞争环境中，接包方可能都会向这三者投入较多的资源作为获得竞争优势的手段，这种同质化的行为反而使得这三者都难以成为 KPO 项目绩效的主要因素。

（3）从接包方的角度，想要获取新的业务增长机会也应该主动向发包方传递相应的信号信息，从而提升发包方对自身实力的认知程度。从我们的研究结果来看，战略联盟、专利数和技术认证这三者可以作为接包方首选的信号。但是在任务环境存在高度不确定性时，接包方应该减弱对技术认证的信号传递，而增加对战略联盟和专利数量的信号传递。另外在行业环境存在激烈的市场竞争时，接包方应该减弱对这三者的信号传递。因为在这种环境下，战略联盟、专利数和技术认证对项目绩效的作用都减弱了。因此在这种环境下，接包方企业应该积极去寻找其他.新的能够产生信号作用的变量从而有针对性的向发包方进行信号传递。

（三）研究不足以及未来的研究方向

本研究证实了战略联盟、专利数量和技术认证对离岸知识流程外包项目绩效的正向信号作用，并通过研究任务不确定性和竞争强度的调节影响，进一步揭示了不同情景变量对这些信号变量发生作用的变化规律。但是，本研究仍然存在一些不足，这也为以后的研究提供了方向。

首先，本研究所采集的数据均来自中国接包企业，这有可能限制了最终实证研究结果对发包方如何从其他重要接包国家，如印度、菲律宾等选择优秀接包方的启示意义。考虑到发包方通常会在全球范围内选择最合适的接包方承接自己的业务，因此从更多中国以外的接包国采集样本进行实证研究，将具有重要的理论和实践意义。

其次，本文只考虑了接包方的战略联盟、专利数量和技术认证对离岸知识流程外包项目绩效的作用从而提出了这三者可以作为发包方筛选或选择接包方的信号变量。但是影响项目绩效的变量还有很多，因此未来的研究还可以从其他角度出发选取更多反映接包方特征信息的变量以验证它们对项目绩效的作用，从而揭示出更多可以用于发包方进行接包方选择的信号变量。

最后，本研究从情景不确定性的角度研究了任务不确定性和竞争强度对战略联盟、专利数量和技术认证与项目绩效间关系的调节效应。但是，企业的接包实践中还面临着动态性和复杂性等情景不确定性的挑战，未来研究可进一步从动态性和复杂性等角度去探讨情景变量对上述信号变量与项目绩效间关系的权变影响。

## 参考文献

李忆, 马莉, 苑贤德, 2014: 企业专利数量, 知识离散度与绩效的关系——基于高科技上市公司的实证研究,《情报杂志》第 2 期, 194-200。

施宏伟, 王海鸽, 2014: 信息不对称下业务流程外包的双向选择模型,《情报杂志》第 4 期, 105-107。

王良, 刘益, 王亚娟, 2013: 任务不确定性与外部流程整合对项目绩效的作用机制研究——基于中国离岸信息技术外包产业的实证分析,《科学学与科学技术管理》第 1 期, 20-30。

张翠华, 黄小原, 2004: 非对称信息条件下业务外包的质量评价和转移支付决策,《中国管理科学》第 1 期, 46 -50。

Aragon-Correa J. A., Sharma S. A.Contingent resource-based view of proactive corporate environmental strategy[J]. Academy of Management Review, 2003, 28(1): 71-88.

Atuahene‐Gima, K. An exploratory analysis of the impact of market orientation on new product performance[J]. Journal of Product Innovation Management, 1995, 12 (4): 275-293.

Collins C. J., Stevens C. K. The relationship between early recruitment-related activities and the application decisions of new labor-market entrants: A brand equity approach to recruitment[J]. Journal of Applied Psychology, 2002, 87(6): 1121.

Connelly B. L., Certo S. T., Ireland R. D., etc. Signaling theory: A review and assessment[J]. Journal of Management, 2011, 37(1): 39-67.

Dacin M. T., Oliver C., Roy J. P. The legitimacy of strategic alliances: An institutional perspective[J].Strategic Management Journal, 2007, 28(2): 169-187

Feng B., Fan Z. P., Li Y. A decision method for supplier selection in multi-service outsourcing[J]. International Journal of Production Economics, 2011, 132(2):240–250

Fridgen G., Mueller H.V. An approach for portfolio selection in Multi-Vendor IT outsourcing[C]. International Conference on Information Systems, Shanghai, China, 2011

Fynes B., De Búrca S., Voss C. Supply chain relationship quality, the competitive environment and performance[J]. International Journal of Production Research, 2005, 43(16): 3303-3320

Gopiraj A. The role of organizational controls and boundary spanning in software development outsourcing: Implications for project performance[J]. Information Systems Research, 2010, 21(4):960-982

Goranova M., Alessandri T. M., Brandes P., etc. Managerial ownership and corporate diversification: A longitudinal view[J]. Strategic Management Journal, 2007, 28(3): 211-225

Grover V., Cheon M. J., Teng J. T. C. The effect of service quality and partnership on the outsourcing of information systems functions[J].Journal of Management Information Systems , 1996 , 12 (4):89 -116

Kim B. Dynamic outsourcing to contract manufacturers with different capabilities of reducing the supply costs[J]. International Journal of Production Economics, 2003, 86(1):63 -80

King A. A., Lenox M. J., Terlaak A. The strategic use of decentralized institutions: Exploring certification with the ISO 14001 management standard[J]. Academy of management journal, 2005, 48(6): 1091-1106

Metters, R. 2008. A typology of offshoring and outsourcing in electronically transmitted services[J]. Journal of Operations Management, 2008, 26(2): 198-211.

Park N. K., Mezias J. M. Before and after the technology sector crash: The effect of environmental munificence on stock market response to alliances of e-commerce firms[J]. Strategic Management Journal, 2005, 26(11): 987-1007

Podsakoff P. M., Organ D. W. Self-reports in organizational research: Problems and prospects[J]. Journal of management, 1986, 12(4): 531-544

Rao A. R., Ruekert R. W. Signaling unobservable product quality through a brand ally[J]. Journal of Marketing Research, 1999, 36(2): 258-268

Rao R. S., Chandy R. K, Prabhu J. C. The fruits of legitimacy: Why some new ventures gain more from innovation than others[J]. Journal of Marketing, 2008, 72(4): 58-75

Reuer J. J., Tong T.W., Wu C.W. A Signaling theory of acquisition premiums: Evidence from IPO targets[J]. Academy of Management Journal, 2012, 55(3): 667-683

Rustagi S., King W. R., Kirsch L. J. Predictors of formal control usage in it outsourcing partnerships[J]. Information Systems Research, 2008,19(2):126-143

Slangen A. H. L., Van Tulder R. J. M. Cultural distance, political risk, or governance quality? Towards a more accurate conceptualization and measurement of external uncertainty in foreign entry mode research[J]. International Business Review, 2009, 18(3): 276-291

Swaminathan V., Moorman C. Marketing alliances, firm Networks, and firm value creation[J]. Journal of Marketing, 2009, 73(5):52-69

Zhang Y., Wiersema M. F. Stock market reaction to CEO certification: The signaling role of CEO background[J].Strategic Management Journal, 2009, 30(7): 693-710

Zhou K. Z., Yim C. K. B., David K. T. The Effects of strategic orientations on technology-and market-based breakthrough innovations[J]. Journal of Marketing, 2005, 69(2): 42-60

Zimmerman M. A., Zeitz G. J. Beyond survival: Achieving new venture growth by building legitimacy[J]. Academy of Management Review, 2002, 27(3): 414–431

# A Research of Offshore Knowledge Process Outsourcing Vendors Selection: Based on Signaling Theory

Yi Liu　Yonghai Liao　Xin Su

**Abstract:** Taking perspective of the signaling theory, this study explores if some characteristics of vendors could be used as signal variables to help clients select vendors and whether their signal effect is moderated by environment uncertainties. The empirical results show that: the strategic alliance, number of patents and technical certification are positively related to project performance, so they can be used as effective signal variables. Additionally, the empirical results also show that, as task uncertainty increases, the signal effects of the strategic alliance and number of patents become stronger; and as competitive intensity increases, the signal effect of strategic alliances, number of patents and technology certification will become weaker.

**Keywords:** KPO, signaling theory, task uncertainty, competition intensity

# 金融压抑和企业名义贷款

## 沈永建　徐　巍　蒋德权　陈冬华[*]

**内容提要**：中国金融体制存在以利率管制和市场准入为特征的金融压抑。在此背景下，银行作为宏观货币政策执行中介，既受到货币政策目标限制，又要实现自身利益最大化，这就使其可能借助于显性贷款契约之外的隐性贷款契约。留存部分企业贷款造成企业名义贷款和实际贷款不符就是银行在执行隐性契约时普遍采用的一种方式。本文发现，货币政策越紧缩，企业贷款被留存的可能性越大；民营企业和对地区贡献较小企业的贷款被留存可能性相对较大。进一步研究发现，若企业贷款被留存，企业会计业绩和市场业绩会下降。本文丰富了宏观政策与微观企业行为的文献，并将其与隐性契约研究文献相联结。本文也加深了对金融压抑背景下银企关系的理解，有利于进一步了解中国企业的资本结构，并能为金融体制改革提供部分实证借鉴。

**关键词**：金融压抑；名义贷款；隐性契约；资本结构；留存贷款

*沈永建，南京财经大学会计学院；徐巍，南京大学商学院管理学院；蒋德权，武汉大学经济与管理学院；陈冬华，南京大学商学院。本文系国家自然科学基金课题（71372032、71572073、71502130）、教育部人文社科青年基金项目（项目批准号：14YJC630108）和博士后科学基金面上项目和特别项目（项目批准号：2014M560022；2015T80026）的阶段性研究成果，感谢南京大学国际化会计学博士生项目（IAPHD）和江苏高校品牌专业建设工程资助项目资助。感谢2013年第二届宏观经济政策与微观企业行为学术研讨会与会学者的建议，感谢北京大学姜国华教授、上海交通大学夏立军教授、中南财经政法大学王雄元教授、暨南大学饶品贵、中央财经大学王彦超、梁上坤等学者的真知灼见，感谢南京大学和南京财经大学学术讨论会参与人员的建设性意见，但文责自负。

# 一、引　言

金融体制对经济发展具有重要影响，大量的研究已从国家层面、行业层面和企业层面对该问题进行了验证（Levine and Zervos，1998；Rajan and Zingales，1998；Allen et al.，2005；卢峰和姚洋，2004）。经过多年的改革，中国金融体系已初步建立起一个以银行为主的、比较完整的金融体系（林毅夫和李志赟，2005），同时也存在严格的利率和市场准入管制（卢峰和姚洋，2004；Lardy，2008；Lu and Yao，2009；刘瑞明，2011），这也被称为金融压抑（Mckinnon，1973；肖，1988）[①]。

金融压抑对中国经济产生怎样的影响？以往文献从不同角度做了研究。周业安（1999）研究表明，信贷市场的利率管制、价格和数量歧视直接阻碍了非国有经济的发展。刘瑞明（2011）利用省级数据从国有企业"增长拖累"的角度审视了国有经济通过金融压抑、金融歧视和效率误配等途径对整个国民经济产生拖累效应。王勋等（2013）、金中夏等（2013）发现金融抑制、利率市场化等对经济结构产生影响。这些研究侧重分析了金融压抑对宏观层面的影响，关于金融压抑对微观企业融资和企业价值产生的影响以往的研究则关注较少。唐国正和刘力（2005）通过建立资本结构选择的古典模型，发现利率管制导致的利率扭曲对我国上市公司资本结构的选择具有重要影响。王彦超（2013）发现在金融压抑背景下，上市公司可能充当信贷资源二次分配中介的角色，从而缓解市场的资金需求。但这些研究并没有为金融压抑影响企业融资行为的方式和路径提供直接的证据，也未能充分刻画出信贷市场在金融压抑背景下做出的契约创新。

近年来，关于宏观政策对微观企业行为影响的研究逐渐兴起，主要讨论宏观政策对微观企业的影响路径及其经济后果（姜国华和饶品贵，2011），如货币政策（陆正飞等，2009；叶康涛和祝继高，2009；饶品贵和姜国华，2011、2013）、产业政策（Chen et al.，2012）等。我们的研究遵循此类研究的思路，主要讨论和分析以下问题：（1）金融压抑影响微观企业融资的方

---

[①] 根据美国经济学家麦金农（Mckinnon）（1973）和肖（1988）的研究，金融压抑是指政府通过一系列行政手段来管制金融业的现象，如利率管制、限制信贷发放规模、约束金融机构经营范围等。

式。本研究发现，金融压抑存在利率管制和市场准入两个最为显著的特征，这两者共同作用于信贷市场。一方面尽管银行业内竞争激烈（贾春新等，2008），但金融压抑使商业银行处于资金卖方垄断，企业处于买方弱势，银行有机会获得较高的资金回报。与此同时，利率管制的存在使得银行无法通过显性契约的方式合规的获得垄断收益。出于自身利益最大化的需求，银行可能通过某些其他方式追求垄断收益，如设计一些隐性契约。求贷企业被要求贷前预存或贷后留存部分存款，从而造成名义贷款和实际贷款不符就是其中的一种。这一现象也得到监管部门的注意，在 2012 年 2 月银监会发布的《中国银监会关于整治银行业金融机构不规范经营的通知》就明确提出了这一现象的存在。（2）影响企业贷款被留存的因素。尽管贷款被留存可能是一个普遍现象，但并不意味着所有求贷企业都会被无差别地留存贷款，一些因素可能会影响银行留存贷款的概率和数额。这是因为银行处于中央银行、地方政府和自身利益三重利益体的博弈之中。一方面，银行是宏观货币政策向微观企业传导的中介，要通过执行中央存款准备金率、利率等货币政策，履行与央行的契约，这必然会改变银行执行隐性契约的动机和能力。具体到留存贷款问题，在不同的利率水平和货币环境下，银行留存贷款的动机和能力都可能不同。比如在利率较高的情况下，市场资金价格的攀升使得银行获得高额回报的动机更为强烈，从而留存贷款现象更为明显。而在货币供应量充足时，企业资金需求下降，银行实行留存贷款的动机下降，从而较少发生留存贷款现象；另一方面，银行又与地方政府存在显性或隐性的契约关系（Shleifer et al.，1994；钱先航等，2011），该契约关系以实现地方经济发展和银行自身利益最大化为目标。因此，银行在具体操作中可能会出于和地方政府的关系考虑而有选择性的实施留存贷款，对于那些获得地方政府支持的企业较少地采取上述留存贷款行为。基于上述考虑，我们对可能影响企业贷款被留存的因素进行了实证检验。（3）企业贷款被留存的经济后果。宏观上，金融压抑可能会影响国家经济的发展，那么在微观上，因金融压抑而导致的企业被留存贷款对企业和投资者会产生怎样的影响，这也是我们关心的问题。

本文研究发现：（1）金融压抑造成银行在信贷资金分配过程中的卖方垄断。本应处于业内竞争状态的银行，却在整体上表现为信贷资金供给的垄断。银行的信贷资金垄断导致显性贷款契约合同之外产生银行贷款隐性契约合同。为实现利润最大化，银行会绕过监管规则，通过隐性贷款契约留存企业贷款；（2）宏观货币政策越紧缩，企业贷款被留存的可能性更大；民营企业相对国有企业贷款被留存的可能性更大；若企业对所在地区的税收贡献越大，越容易得到政府的信贷干预，贷款被留存可能性越小；（3）若贷款被留存，未来一期企业的会计业绩会下降，投资者损失也较为显著。

经典的资本结构理论对银行借款进行了深入的研究。尽管这些研究考虑了公司所得税、破产成本、代理成本以及信息不对称等现实因素对公司价值的影响，但都隐含了一个基本假设：在需要债务融资时，企业可以根据实际需求发行债券或向银行举债。这是一个理想的假设条件。在金融压抑背景下，企业的债务融资行为由银企双方共同决定。由于货币政策、信贷歧视以及政府干预等因素的存在，银行的信贷资金供给和企业的资金需求处于非均衡状态。企业的资本结构会因为银行留存企业贷款而被扭曲，因此，企业资本结构所传递的信号可能被误读。而本文考虑现阶段金融压抑背景，进一步限制企业贷款的约束条件，逐渐逼近中国制度背景下真实的银企关系，对于理解发展中国家与发达国家的企业融资决策存在的差异（Mayer，1990；Booth et al.，2001）以及中国上市公司真实资本结构具有重要意义。

本文可能的贡献如下：一是分析了中国银行业存在的留存贷款现象，并从金融压抑的角度对该现象进行解释，为进一步理解当下政府、企业和金融中介三者之间的关系做了有益的尝试。二是本文分析了企业被留存贷款的影响因素及经济后果，进一步限制企业贷款的现实约束条件，对于理解中国企业真实的资本结构具有重要意义。三是本文研究了中国金融压抑背景下的隐性银企关系。在以往关于中国隐性契约的研究中，大多集中于政府与企业之间（陈冬华等，2008）、监管部门与企业之间（Jiang et al.，2009）以及企业内部，譬如高管和员工之间（陈冬华等，2011）。本研究将隐性契约的研究框架拓展到金融压抑背景下的银行和企业之间，拓展了隐性契约的理论研究文献，加深了对转型经济下银企关系的理解，并从隐性契约的角度分析银企隐性贷款契约关系对企业资本结构的影响。四是本文的研究结论也为中国的金融体制改革提供了实证借鉴。

论文剩余部分安排如下：第二部分是制度背景、理论分析与假设发展；第三部分是研究设计，包括研究样本、变量定义与模型设计；第四部分是描述性统计分析；第五部分是实证检验；第六部分是稳健性测试；第七部分是研究结论和启示。

## 二、制度背景、理论分析与假设发展

（一）金融压抑与贷款被留存

为更好地理解中国企业的贷款被留存现象，本文回顾了银行业和国有企业改革的历程。20世纪80年代中期之前，国有企业的资金配置方式主要为国家财政无偿划拨，80年代后期，为提高国有企业经济效益，国家实行了"拨改贷"改革。自此，银行和国有企业建立了名义上的银企关系。但实际上，由于银行和国有企业均在政府的控制之下，银行成为政府的"出纳"，预算软约束在此背景下产生（林毅夫等，2004）。预算软约束造成的直接后果就是国有企业的负债率偏高，银行形成大量的不良资产。1995年颁布的《商业银行法》开启了银行业商业化改革的步伐，银行由原来的非独立实体转变为自负盈亏的独立法人。

随着中国经济快速发展，中国金融体制改革不断深入。2006年12月，外资银行业务由外币延伸至人民币业务，监管部门取消了对外资银行经营人民币业务在地域和客户对象上的限制。2007年，南京银行、宁波银行和北京银行三家城市商业银行同年上市，标志着城市商业银行的快速发展。2009年，银监会下发《关于中小商业银行分支机构市场准入政策的调整意见（试行）》取消了中小商业银行分支机构指标的控制，城市商业银行开始加速异地扩张，进一步加大了银行业的竞争。自此，无论是大型国有银行还是股份制银行，城市商业银行或是农村信用社，分支机构越来越多[①]，业内竞争激烈（贾春新等，2008）。

尽管中国银行业内竞争激烈，但金融体系依然处于一种受压抑状态，主要表现为利率管制和市场准入（卢峰和姚洋，2004；Lardy，2008；刘瑞明，2011）。这就使中国银行业呈现既竞争激烈又总体压抑的奇特现象。政府对

---

①  据统计，中国金融体系主要包括5大国有商业银行，3家政策性银行，12家股份制银行，1家邮政储蓄银行，147家城市商业银行，85家农村商业银行，223家农村合作社，63家信托投资公司，还有为数众多的金融及汽车租赁、货币经纪公司、金融公司、40多家在中国注册的外国银行子公司、4家资产管理公司。截至2012年末，全国银行业金融机构网点总数达到20.51万家，五大行占比近三成。（第一财经日报，2012年6月20日）。

利率的管制主要体现在：存款利率管上限，贷款利率管下限（易纲，2009）。表面看来央行的存款利率上限以及贷款利率下限管制确保了银行基本利差，创造了可增加银行"特许权价值"的租金机会，为银行经营提供了有效的激励机制（王国松，2001）。但同时央行还通过管制存款准备金率和设置存贷比两条红线对银行的货币供给实施控制。2003~2013年，银行的存款准备金由6%逐渐调高至20%左右，存贷比不得超过75%。在这些管制措施下，银行看似可以轻易地获得存贷差之间的利润，并且可以通过调高贷款利率的方式获得自身利润最大化。但实际上存款利率上限管制决定了所有银行之间吸储能力的无差异性，银行无法通过提高存款利率获得更多的存款。进一步地，由于存款准备金和存贷比的存在，存款的限制决定了可供放贷的基数，限制了银行追求利润最大化的能力。如何在出价相同（存款利率上限）的情况下获得更多的存款，从而可以获得更大放贷数额来实现利润最大化，这就是银行面临管制时需要解决的问题。在此背景下，留存贷款这一隐性契约被设计出来用于解决这一问题。在企业需求贷款时，银行要求企业留存或者预存部分贷款充当存款，并以全部名义贷款计息。这既增加了银行的吸收存款基数，为银行以后更多地放贷提供了可能，也获得了高于名义贷款利率的收益。这也是银行进行留存贷款行为的内在逻辑。

对于企业而言，权益融资和债券市场的门槛较高，信贷成为企业资金缺口的重要来源。由于我国金融压抑的另一个特征——市场准入的存在，大量民间资本无法通过正规渠道进入金融市场（卢峰和姚洋，2004），使银行作为一个整体呈现卖方垄断的态势，信贷资源的供需关系失衡。总体而言，企业在面对银行时处于弱势地位，例如以往的研究发现银行在信贷资金分配过程中存在所有制歧视（Brandt and Li，2003；方军雄，2007；陆正飞等，2009；刘瑞明，2011）。民营企业在同等条件下更难取得贷款，或者取得贷款的数量更少，期限更短，小企业则要利用关系从大银行贷款，支付关系租金（邓超等，2010）。这样一来，企业在求贷时可能被迫接受银行的留存贷款条件，以一个高于名义利率的价格获得所需的信贷资金。

如此一来，一个银企之间隐性契约便有了实施的可能。银企双方通过缔结包含名义贷款数额、名义利率、期限等要素的具有法律效力的显性契约来保障各自的基本利益和控制风险，同时相互以隐性方式约定留存的数额、期限等要素。银行从中获得更多的存款和相应的利息收入并且规避了法律风险；企业可以以一个趋近于"市场化"的利率水平从银行获取所需资金，解决企业生存或者发展等问题。这一隐性契约因而具有"互惠"性质，从而可以在多次重复博弈中自动执行（Fehr et al.，2000）。而在某一个案中贷款是否被留存、留存数额等取决于银行和企业之间相对议价能力，例如在货币宽松时期，市场资金充足企业的议价能力提高，可能较少地被留存；或者企业在所在地的重要性较高因而得到地方政府的支持，也可能较少地被留存。

贷款被留存这一现象也引起了监管部门的高度重视，2012年2月10日，银监会发布《中国银监会关于整治银行业金融机构不规范经营的通知》，对贷款定价提出了七项禁止性规定，其中就包括：不准以贷转存和不准存贷挂钩等①。但由于银行相对企业的垄断地位，以及隐性契约执行的双方"自愿"特性，简单的监管措施可能很难对隐性契约的执行产生实质性影响②。现有文献对银行贷款影响因素进行了较多研究，但据我们所掌握的资料，并没有相关实证研究关注中国企业与银行贷款的隐性契约及企业贷款的被留存现象。借鉴以往学者对银行贷款的研究，我们先从考察货币政策、产权性质以及企业地区贡献等角度考察企业贷款被留存情况，再考察企业贷款被留存的经济后果。

1. 货币政策

货币政策是中央政府用来影响或引导微观企业经济行为的重要宏观政策之一。货币政策的宽松与否对企业融资行为产生实际影响（叶康涛和祝继高，2009；饶品贵和姜国华，2011）。从货币政策到微观企业融资行为的传导路径为：央行通过调控各商业银行的存款准备金率和存贷比来控制银行的信贷规模，银行按照被央行管制的存贷款利率来吸收存款和发放贷款，赚取利差获益。因此，银行的主要盈利取决于两个基本因素：一是吸收存款的数量；二是基准贷款利率和存款利率之差。

在货币紧缩时，央行会降低商业银行的货币供应量，企业贷款被留存的可能性增加。理由有三：一是允许发放的贷款量直接减少，降低银行利息收入（减少收入）；二是被央行监管而无法发放的吸收存款还要支付利息（增

---

① 七不准包括：（1）不准以贷转存（强制设定条款或协商约定将部分贷款转为存款）；（2）不准存贷挂钩（以存款作为审批和发放贷款的前提条件）；（3）不准以贷收费（要求客户接受不合理中间业务或其他金融服务而收取费用）；（4）不准浮利分费（将利息分解为费用收取，变相提高利率）；（5）不准借贷搭售（强制捆绑搭售理财、保险、基金等产品）；（6）不准一浮到顶（笼统地将贷款利率上浮至最高限额）；（7）不准转嫁成本（将经营成本以费用形式转嫁给客户）。

② 具体参见"银监会'七不准'规治，存贷挂钩乱象依然不止"，载于《经济观察报》2012年3月5日。

加成本、降低利润）；三是因为货币供给的减少导致银行在信贷分配中的谈判优势更强，作为资金需求方的企业谈判劣势凸显。因此，货币紧缩时，企业利用隐性契约获取银行存款的动机相对更强，企业因"存贷结合"或"以贷转存"而产生的贷款被留存可能性更大。在货币宽松期，情况反之。为此，我们提出假设一：

H1：其他条件不变，货币政策越紧缩，企业贷款被留存的可能性越大。

2. 信贷歧视

银行对民营企业的信贷歧视不仅影响影响到显性契约的贷款数量、期限结构等（陆正飞等，2009），也可能会影响到企业被留存贷款的数量。以往的研究表明，银行向国有企业提供更多、期限更长、成本更低的贷款（Brandt and Li，2003；江伟和李斌，2006；方军雄，2007；陆正飞等，2009；李广子和刘力，2009）。因为相对民营企业，国有企业为政府承担了更多的社会负担。国有企业以此为筹码，向政府申请额外的补贴，其中之一就是银行贷款。而民营企业则不然，在向银行贷款时面临更严格的约束条件。Brandt and Li（2003）利用江苏和浙江两省民营企业的调查数据验证了银行对民营企业的信贷歧视，认为信息不对称以及国有银行对民营企业的偏见等是造成信贷歧视的重要原因。

银行在显性贷款契约中对民营企业的歧视会映射至隐性契约的执行中。相对国有企业，民营企业缺乏政府的保护，在和银行的贷款谈判中处于弱势，贷款被留存的可能性更大。同时尽管民营企业能够意识到在隐性契约执行过程中会受到银行的不公平对待，但其仍然可以从银行获得信贷资金为发展和生存服务，也可能接受银行的留存要求。因此，我们提出假设二：

H2：其他条件不变，相比国有企业，民营企业贷款被留存的可能性更大。

3. 企业的地区贡献

国有企业的管理层为政府所任命，因此国有企业要为政府承担必要的政治和经济目标（Shleifer et al.，1994；Boycko et al.，1996；林毅夫等，2004）。随着民营企业的迅速发展，民营企业也能够为政府官员承担更多的地方经济发展任务，譬如缴纳更多的税收，创造更多的就业岗位等。对于能帮助官员完成政治经济目标的民营企业而言，他们也有机会获得政府的支持。因此，政府是否支持企业可能部分地取决于企业是否能够帮助政府完成政治目标，是否对地区经济发展有所贡献（谭燕等，2011）。具体地，政府除了通过税收减免、财政补贴等方式支持企业外，还会通过对本地银行机构实施信贷干预来支持企业发展（袁淳等，2010）。尽管银行属于垂直管理，但在中国制度背景下，银行并不能完全地脱离地方政府的干预。银行与地方政府维持较好的关系，符合政府、银行及其代理人的利益诉求。因此，地方政府有能力也有动机对银行的信贷实施干预。企业对地区的贡献越大，政府的实施信贷干预的动机越强，在与银行贷款的谈判中的力量越强，企业贷款被留存的可能性越小。综上所述，我们提出假设三：

H3：其他条件不变，企业的地区贡献越大，贷款被留存的可能性越小。

4. 企业贷款被留存的经济后果

在金融压抑的背景下，企业在与银行贷款的隐性契约执行中导致企业贷款被留存。契约双方"互惠"使得隐性契约执行（Fehr et al.，2000）。尽管部分贷款被留存，企业还是能够获得剩余部分的资金。银行通过隐性契约的执行留存了额外的资金，扩大利润获取基数。理论上，企业会在贷款前权衡利弊，计算在执行隐性契约的情况下是否能从中获利。所谓的"利"，可能是业绩提高，或更少损失，或解决企业生存问题；所谓的"弊"，则是损失更多甚至是破产倒闭。无论是"利"还是"弊"，都源于被压抑的金融体制，源于被管制的资金信贷价格与市场价格的差异。权衡的结果，企业会选择向银行贷款，"被"执行隐性契约。

企业为获得实际所需要的贷款就必须向银行申请更多的贷款。企业获得被留存后的贷款，尽管对企业当前经营发展起到一定的积极作用，但对未来经营业绩和投资者利益的负面影响不容忽视。具体地，贷款被留存可能会通过以下几个方面影响投资者利益：（1）更高的贷款成本。企业为获得实际需要的资金，"被"银行贷款。虽然是被动贷款，但企业却需要承担额外贷款的利息费用，借款成本更高，这成为"被"贷款的直接负面影响之一。（2）企业被留存贷款向市场传递了负面信号。按照之前的假设，如果企业对所在地区的税收贡献较大，地方政府会对银行的信贷实施干预，企业贷款被留存的可能降低。相反，如果企业贷款被留存，这向资本市场传递了企业很可能没得到地方政府支持的信号。（3）因贷款隐性契约执行形成的货币资金被套牢。银行和企业在执行隐性契约过程中，一般会约定企业在贷前预存或贷后留存部分银行存款，而该部分存款会有一定的冻结期。一方面账面上大量的货币资金无法动用，另一方面却要向银行举债，这一矛盾可能会被市场误读为：企业是因为较大的代理问题而持有大量现金（Jensen, 1986; Dittmar et al., 2007），从而投资者有可能会用脚投票。（4）较高的实际贷款利率会刺激借款企业过度涉足于高风险的投资活动，加重企业道德风险（王国松，2001）。无论是哪个方面，企业贷款被留存，贷款企业都将承担更高的债务融资成本，企业的会计业绩和市场价值将下降，投资者发生损失。因此，我们提出假设四：

H4：其他条件不变，若企业贷款被留存，则企业的会计业绩和市场价值会下降。

## 三、研究设计

（一）研究样本与数据来源

本文研究样本为1999至2011年的A股主板上市公司。1998年央行改革了信贷管理模式，将以往通过对商业银行信贷规模的直接调控方式改革为对商业银行资产负债比例的管理（盛松成，2008）。本文为避免这一制度变化对本文研究的影响，故选择1999年作为研究起点。样本的选择遵循以下原则：（1）剔除金融类公司；（2）剔除资不抵债的公司；（3）剔除样本期间相关变量缺失的公司。最终得到1349家公司，共计12314个观测值。为了避免异常值的影响，本文对所有连续变量在上下1%做了缩尾（Winsorize）处理。本文所有财务数据来源于CSMAR数据库，宏观金融数据来自CCER数据库。

（二）模型设定与变量定义

本文研究设计的一个难点在于如何度量企业被留存贷款。鉴于借款契约的隐性特质，我们无法直接观测公司被留存的资金数额。本文将企业贷款被留存视为一个"概率事件"，重点考察企业贷款是否被留存。我们具体使用两种方法定义。

第一种方法：我们将企业存在的无法被以往文献中的变量解释的贷款，亦即企业名义贷款和实际贷款存在的差异定义为被留存贷款。参照 Jian & Wong（2010）计算异常关联交易的计量方法，通过模型估计企业正常情况下所需要的银行贷款，计算名义贷款数额和实际需求贷款的数额之差，将之作为企业被留存贷款的代理变量。鉴于此，我们参照陆正飞等（2009）对企业短期借款影响因素的分析，建立模型（1）如下：

$$Shloan_t = \alpha_1 + \beta_1 Lev_{t-1} + \beta_2 Profit_{t-1} + \beta_3 Size_t + \beta_4 Fd_t + \beta_5 Tan_t + \beta_6 Cash_t + \beta_7 Seo_t$$
$$+ \beta_8 Indtor_t + \beta_9 Mb_t + \beta_{10}\Sigma Indu + \varepsilon$$

其中，Shloan 指企业当年的银行短期借款与总资产的比值。之所以选择短期借款：一是因为我国企业普遍存在短贷长用的现象，且只有 68% 的观测值有长期借款余额，说明研究短期借款可能更具现实意义；二是因为短期借款中被留存贷款现象可能更为明显。在稳健性测验中，我们使用了长期借款和短期借款总和作为贷款的度量。

我们使用上一期的资产负债率 $Lev_{t-1}$ 表示企业的融资风险，同时控制固定资产净值占总资产的比重 $Tan_t$ 作为企业资产抵押性的代理变量，控制信贷风险。使用上一期的资产净利率 $Profit_{t-1}$ 作为企业盈利能力的代理变量。同时，我们控制了当期的企业规模 Size、现金持有余额 Cash 和资金需求量 Fd。资金需求量 Fd 用经营活动产生现金流量净额和投资活动产生现金流量净值的和表示。叶康涛（2009）发现银行信贷流向和行业成长性有关系，我们控制了成长性变量市值账面比 Mb。另外，我们在模型中控制了公司治理变量——独立董事比例。为最大限度体现不同行业的差别，我们按照三维码分类，得到 116 个细分行业。

第二种方法：无论是贷前"自愿"留存还是贷后被强制留存，企业总会存在部分货币资金被冻结无法使用，这在一定程度上可能导致企业超额现金持有。因此，我们在第一种方法的基础上，再增加超额现金持有的约束条件，即企业既存在无法解释的银行贷款，又超额持有货币资金，即如果模型（1）的残差和模型（2）的残差同时大于零，我们则认为是企业发生了贷款被留存事件。

我们借鉴辛宇和徐莉萍（2006）的模型估计企业的超额现金持有，建立模型（2）如下：

$$Cash_t = \alpha_1 + \beta_1 Size_t + \beta_2 Lev_t + \beta_3 Turnover_t + \beta_4 Cf_t + \beta_5 Growth_t + \beta_6 Div_t + \beta_7 Seo_t$$
$$+ \beta_8 \Sigma Indu + \varepsilon$$

其中，Cash 为期末货币资金除以总资产，Size 为企业规模，Lev 为企业负债率，Turnover 为资产周转率，Cf 为经营现金流除以总资产，Growth 为总资产增长率，Div 为本年是否发放现金股利哑变量，Seo 为企业是否在本年度增发或配股哑变量，Indu 为按照三维码划分的行业哑变量。

通过对模型（1）和（2）分年度进行 OLS 多元回归得到残差 Exloand 和 Excash。企业贷款被留存两种定义重新表述如下：定义 1，如果 Exloand 大于零，则认为企业发生了贷款被留存事件，定义哑变量 D_exloand 1 为 1，否则为 0；定义 2，如果 Exloand 大于零，并且 Excash 大于零，则认为企业发生了贷款被留存事件，定义哑变量 D_exloand 2 为 1，否则为 0。在稳健性测试中，我们使用多种方法重新定义贷款被留存变量，其中包括连续变量、哑变量和分组变量等。

我们构建以 D_exloand 1 和 D_exloand 2 为因变量的 Logistic 多元回归模型（3），考察贷款被留存的影响因素：

$$D\_exloand_t = \alpha_1 + \beta_1 Mopcy_t + \beta_2 Conb_t + \beta_3 State_t + \beta_4 Finexp_t + \beta_5 Comti_t + \beta_6 Hbank_t + \varepsilon$$

其中，Mopcy 为当年的货币松紧程度。盛松成（2008）发现，在我国货币政策中货币政策和信贷渠道同时存在，这意味着央行可能混合使用货币供应和信贷控制这两种方式调节市场货币松紧程度。为更好地反映这一制度背景，本文度量了两种货币调节方式。首先采用广义货币供应量（M2）的增长速度作为货币政策的代理变量，这是货币渠道；其次是信贷渠道，我们采用央行公布的半年期至一年的基准贷款利率与一年期定期存款利率之差（后文简称存贷差）。其中，M2 可以视为货币供给数量，存贷差可视为相对货币供给价格，该价格由贷款基准利率和定期存款利率共同决定。

出于经济发展目的或者官员晋升压力（钱先航，2011），地方政府可能会对当地企业贷款行为实施影响。谭燕等（2011）发现上市公司对当地的影响力越大越有可能引起当地政府对企业的支持。基于此，我们设计了地区贡献 Contb 变量，用以衡量企业对地方经济的影响力，具体定义为某企业当年所得税纳税额占所在省份的企业所得税总额比重。

我们在模型中控制了企业的名义贷款利率，理由主要有二：一是考虑到银行可能在显性契约中对企业提出利率上浮等要求，提高贷款利率，我们想知道显性的贷款利率是否会与隐性契约具有替代作用。二是考虑到银行为了应付 75% 的"存贷比"等监管红线，可能会存在向企业"购买"存款行为，而该行为一般发生在具有良好关系的银行和企业之间。我们将名义贷款利率作为银企关系的代理变量，以控制银行的购买贷款行为对本文实证结论的影响。具体地，定义名义贷款利率 Finexp 为企业财务费用与借款总额的比例，将该变量作为显性贷款契约中货币价格的代理变量。Comti 是当地金融业竞争指数，参照余明桂等（2010）以及徐礼敏等（2012）的研究，我们使用樊纲等(2011)的金融行业竞争指数衡量一个地区金融行业竞争程度。参照 Beck et al.（2004）以及谭之博等（2012）的研究，我们在模型中控制了国家层面的银行集中度 Hbank。类似于赫芬达尔指数，我们使用四大银行贷款占所有银行贷款比值的平方之和作为银行集中度的代理变量。

为进一步考察贷款被留存对投资者利益的影响，我们参照陆正飞等（2009）的研究，使用模型（4）和模型（5）考察被留存贷款对一年期长期股票回报 Bhar 和未来一期的会计业绩增长 Difroe 的影响。

$$Bhar_t = \alpha_1 + \beta_1 D\_exloand_t + \beta_2 State_t + \beta_3 Size_t + \beta_4 Lev_t + \beta_5 Indtor_t$$
$$+ \beta_6 Profit_t + \beta_7 Mb_t + \beta_8 Beta_t + \beta_9 Lagbhar_t + \beta_{10}\Sigma Indu + \beta_{11}\Sigma Year + \varepsilon$$

$$Difroe_t = \alpha_1 + \beta_1 L.d\_exloand_t + \beta_2 State_t + \beta_3 Size_t + \beta_4 Lev_t + \beta_5 Indtor_t$$
$$+ \beta_6 \Sigma Indu + \beta_7 \Sigma Year + \varepsilon$$

### 表 1　变量定义

| 变量名称 | 变量符号 | 变量定义 |
| --- | --- | --- |
| 短期借款 | Shloan | 短期借款期末余额除以期末总资产 |
| 贷款被留存 1 | D_exloand1 | 如果模型 1 的残差大于 0，该哑变量则赋值为 1，否则为 0 |
| 贷款被留存 2 | D_exloand2 | 如果模型 1 和模型（2）的残差均大于 0，该哑变量则赋值为 1，否则为 0 |
| M2 增长率 | Mopcy1 | 广义货币供应量 M2 的增长率，T 期的 M2 减去 T-1 期的 M2 再除以 T-1 期的 M2 |
| 存贷差 | Mopcy2 | T 年央行公布的 6 个月至一年贷款基准利率减去一年期定期存款利率。若一年内多次调整，则按天数加权平均 |
| 产权性质 | State | 公司实际控制人性质，若为国有企业则赋值为 1，否则为 0 |
| 企业地区贡献 | Contb | T 年公司所得税纳税额乘以 100 再除以 T 年公司所在省份企业所得税收缴总额 |
| 名义贷款利率 | Finexp | 当期财务费用除以期末借款总额 |
| 金融竞争指数 | Comti | 公司所在省份的当年金融企业竞争指数，2010 和 2011 年的指标由 2009 年的指标替代 |
| 银行集中度 | Hbank | 四大银行贷款占所有银行贷款比值的平方之和 |
| 资产负债率 | Lev | 期末总负债除以期末总资产 |
| 盈利能力 | Profit | 当期净利润除以期末总资产 |
| 规模 | Size | 期末总资产的对数 |
| 资金需求 | Fd | （经营活动产生现金流净额+投资产生现金流净额）除以期末总资产 |

续表

| 变量名称 | 变量符号 | 变量定义 |
|---|---|---|
| 资产有形性 | Tan | 期末固定资产净值除以期末总资产 |
| 持有现金 | Cash | 现金和现金等价物的期末余额除以期末总资产 |
| 是否配股增发 | Seo | 如果本年配股或者增发为 1，否则为 0 |
| 公司治理 | Indtor | 独立董事人数占董事会总人数的比例 |
| 成长性 | Mb | 公司总资产市值和账面价值的比值 |
| 一年期股票回报率 | Bhar | 公司股票一年内的购买并持有超额累计回报率 |
| 风险系数 | Beta | 公司的 β 系数 |
| 总资产周转率 | Turnover | 销售收入除以期末总资产 |
| 经营活动现金流 | Cf | 经营活动现金净流量除以期末总资产 |
| 总资产成长率 | Growth | 年末总资产减去年初总资产之差除以年初总资产 |
| 股利发放 | Div | 当年是否发放现金股利，若发放则赋值为 1，否则为 0 |
| 行业 | Ind | 根据三位代码分类的行业虚拟变量 |

# 四、描述性统计分析

对主要变量的描述性统计分析见表 2。

从表 2 可见，M2 增长率最小值为 0.123，最大值为 0.276，表明货币增长每年的增长率均保持较高水平，增长较快。存贷差均值 0.033，标准差为 0.002，波动较小，表明银行的存贷差因为管制而相对比较稳定。短期借款 Shloan 均值为 0.178，高于中位数 0.161，最大值为 0.515，表明部分企业短期银行借款较多，拉高了平均数。现金持有 Cash 也体现了类似特征。

进一步地，我们考察了银行借款国有企业和民营企业银行借款的时间序列特征。从表 3 可见，1999~2011 年，民营企业的短期借款均高于国有企业，并且从 2000 年至 2005 年在 0.01 水平下显著。2008 年之前，民营企业银行借款总额高于国有企业，并且从 2002 年至 2005 年在 0.01 水平下显著。从 2008 年开始，民营企业银行借款总额开始显著低于国有企业。M2 增长率在 2008 年后处于较高水平，在 2009 年高达 28%。

表 2　变量的描述性统计

| 变量名称 | 变量符号 | 样本量 | 最小值 | 下三分位数 | 中位数 | 上三分位数 | 最大值 | 均值 | 标准差 |
|---|---|---|---|---|---|---|---|---|---|
| M2增长率 | Mopcy1 | 12134 | 0.123 | 0.157 | 0.173 | 0.178 | 0.276 | 0.177 | 0.035 |
| 存贷差 | Mopcy2 | 12134 | 0.031 | 0.032 | 0.033 | 0.035 | 0.036 | 0.033 | 0.002 |
| 短期借款 | Shloan | 12134 | 0.002 | 0.086 | 0.161 | 0.252 | 0.515 | 0.178 | 0.118 |
| 负债率 | Lev | 12134 | 0.126 | 0.393 | 0.520 | 0.640 | 0.924 | 0.517 | 0.171 |
| 控制人性质 | State | 12134 | 0 | 0 | 1 | 1 | 1 | 0.729 | 0.444 |
| 名义贷款利率 | Finexe | 12134 | -0.021 | 0.032 | 0.051 | 0.071 | 0.141 | 0.053 | 0.037 |
| 金融竞争 | Comti | 403 | -4.250 | 5.630 | 7.350 | 8.900 | 12.410 | 7.159 | 2.684 |
| 银行集中度 | Hbank | 13 | 0.033 | 0.036 | 0.041 | 0.056 | 0.105 | 0.051 | 0.020 |
| 地区贡献 | Contb | 12134 | 0.000 | 0.037 | 0.151 | 0.520 | 3.010 | 0.479 | 0.800 |
| 盈利能力 | Profit | 12134 | -0.254 | 0.011 | 0.030 | 0.053 | 0.166 | 0.028 | 0.056 |
| 规模 | Size | 12134 | 19.236 | 20.763 | 21.397 | 22.145 | 25.156 | 21.541 | 1.120 |
| 资金需求 | Fd | 12134 | -0.309 | -0.066 | -0.006 | 0.045 | 0.249 | -0.012 | 0.096 |
| 资产抵押 | Tan | 12134 | 0.005 | 0.156 | 0.266 | 0.417 | 0.774 | 0.294 | 0.181 |
| 现金持有 | Cash | 12134 | 0.004 | 0.073 | 0.121 | 0.190 | 0.505 | 0.142 | 0.095 |
| 再融资 | Seo | 12134 | 0 | 0 | 0 | 0 | 1 | 0.101 | 0.302 |
| 独立董事比利 | Indtor | 12134 | 0.000 | 0.273 | 0.333 | 0.364 | 0.800 | 0.287 | 0.139 |
| 成长性 | Mb | 12134 | 0.776 | 1.763 | 2.784 | 4.548 | 26.594 | 3.845 | 3.623 |
| 经营活动现金流 | Cf | 12134 | -0.191 | 0.005 | 0.046 | 0.089 | 0.256 | 0.046 | 0.077 |
| 股利发放 | Div | 12134 | 0 | 0 | 1 | 1 | 1 | 0.583 | 0.493 |
| 资产成长性 | Growth | 12134 | -0.076 | 0 | 0.004 | 0.010 | 0.222 | 0.006 | 0.011 |
| 个股风险 | Beta | 12134 | -0.049 | -0.002 | 0.004 | 0.010 | 0.666 | 0.005 | 0.012 |
| 超额股票回报率 | Bhar | 12134 | -1.315 | -0.220 | -0.063 | 0.118 | 2.108 | -0.027 | 0.485 |

表 3　主要变量的分年描述

| 年份 | 短期借款 | | | | | 短期借款和长期借款之和 | | | M2 增长 | 存货差 |
| --- | --- | --- | --- | --- | --- | --- | --- | --- | --- | --- |
| | 民营 | 民营均值 | 国有 | 国有均值 | T 值 | 民营均值 | 国有均值 | T 值 | 均值 | 均值 |
| 1999 | 158 | 0.208 | 480 | 0.172 | 3.246*** | 0.450 | 0.437 | 0.827 | 0.15 | 0.033 |
| 2000 | 182 | 0.211 | 562 | 0.168 | 4.513*** | 0.465 | 0.444 | 1.479 | 0.12 | 0.036 |
| 2001 | 204 | 0.231 | 644 | 0.174 | 6.115*** | 0.478 | 0.452 | 1.903 | 0.18 | 0.036 |
| 2002 | 214 | 0.234 | 686 | 0.177 | 6.197*** | 0.498 | 0.464 | 2.598*** | 0.17 | 0.033 |
| 2003 | 225 | 0.235 | 731 | 0.186 | 5.461*** | 0.523 | 0.485 | 3.044*** | 0.20 | 0.033 |
| 2004 | 266 | 0.235 | 740 | 0.188 | 5.569*** | 0.543 | 0.504 | 3.445*** | 0.15 | 0.033 |
| 2005 | 270 | 0.223 | 752 | 0.187 | 4.378*** | 0.552 | 0.528 | 2.005* | 0.18 | 0.033 |
| 2006 | 299 | 0.207 | 707 | 0.176 | 3.913*** | 0.550 | 0.540 | 0.886 | 0.16 | 0.036 |
| 2007 | 309 | 0.184 | 716 | 0.171 | 1.706 | 0.540 | 0.537 | 0.233 | 0.17 | 0.035 |
| 2008 | 295 | 0.175 | 729 | 0.170 | 0.606 | 0.520 | 0.548 | -2.266** | 0.18 | 0.032 |
| 2009 | 288 | 0.155 | 702 | 0.151 | 0.486 | 0.525 | 0.556 | -2.627*** | 0.28 | 0.031 |
| 2010 | 278 | 0.153 | 692 | 0.144 | 1.112 | 0.530 | 0.574 | -3.694*** | 0.20 | 0.031 |
| 2011 | 297 | 0.160 | 708 | 0.146 | 1.761 | 0.534 | 0.579 | -3.798*** | 0.14 | 0.031 |
| 合计 | 3285 | 0.197 | 8849 | 0.170 | 11.445*** | 0.521 | 0.517 | 1.780 | 0.18 | 0.034 |

注：*p<0.1，**p<0.05，***p<0.01。

　　我们分别按照年度货币政策中位数大小、年度地区贡献中位数大小以及实际控制人性质将样本划分为宽松货币和紧缩货币、高企业地区贡献和低企业地区贡献以及国有和民营等样本，对短期银行借款率和贷款被留存概率进行单变量检验，结果见表4。

表4　银行短期借款率和贷款被留存概率的单变量检验

| 变量\组别 | 货币宽松M2 | 货币紧缩M2 | 高企业地区贡献 | 低企业地区贡献 | 国有企业 | 民营企业 |
|---|---|---|---|---|---|---|
| 短期借款/资产 | 0.171 | 0.185 | 0.153 | 0.202 | 0.170 | 0.197 |
| 均值检验（T值） | 6.552*** | | 23.423*** | | 11.448*** | |
| 贷款被留存概率D_exloand1 | 0.526 | 0.605 | 0.539 | 0.583 | 0.544 | 0.607 |
| 均值检验（T值） | 8.736*** | | 4.795*** | | 6.177*** | |
| 贷款被留存概率D_exloand2 | 0.282 | 0.303 | 0.273 | 0.309 | 0.281 | 0.320 |
| 均值检验（T值） | 2.590*** | | 4.474*** | | 4.209*** | |

注：*p<0.1，**p<0.05，***p<0.01。

　　由表4第二行可见，货币紧缩时期，短期借款均值为0.185，在0.01水平下显著高于货币宽松时期的0.171。理论上，货币政策越宽松，企业越容易得到借款，银行借款率应该越高。但数据表明，货币紧缩时期的短期银行借款却显著高于货币宽松时期。地区贡献和企业实际控制人性质也体现了类似特征。理论上，对地区贡献高（国有）企业更容易得到贷款，其银行借款应该显著高于对地区贡献低（民营）企业，但数据显示了相反的结果。

　　在第三行和第四行，我们分别按照两种定义对不同样本的贷款被留存概率进行了比较检验。在D_exloand1的检验中，货币宽松组和货币紧缩组贷款被留存的概率均值分别为0.526和0.605，在0.01水平下存在显著差异。在地区贡献以及实际控制人性质组别中，贷款被留存的概率在不同组中亦体现了显著差异。高地区贡献组与低地区贡献组概率均值分别为0.539和0.583，国有企业和民营企业组的概率均值分别为0.544和0.607，均在0.01水平下显著。在D_exloand2的检验中，结论与D_exloand2的检验结论一致。表4的单变量检验结果在一定程度上支持我们的猜想：隐性贷款契约在银企关系中发挥作用。

## 五、被留存贷款的计量

本文将企业贷款被留存视为概率事件，其前提是要满足两个基本条件：一是企业存在无法解释的银行贷款；二是企业超额持有货币资金。本部分我们分别利用模型（1）和模型（2）估计超额银行贷款和超额现金持有。

（一）超额贷款的估计

理论上，如果企业贷款被银行留存，企业要得到实际需求的银行贷款，需要向银行申请超过实际需求的银行贷款，这在一定程度上导致企业的银行贷款虚增。经过累积，企业总的银行贷款水平会超过企业实际需求量。借鉴 Jiang & Wong（2010）采用逐年回归计算非正常关联交易的方式，参照陆正飞（2009）等对企业短期借款影响因素的分析，我们建立多元回归模型计算残差，将之作为企业超过实际需求的银行贷款的代理变量，亦即企业名义贷款与实际贷款之差。

在稳健性测试中，我们单独使用该残差作为企业被留存贷款的代理变量，实证结果与预期基本一致。尽管任何样本利用该模型都可以计算出残差，但在中国金融压抑的背景下，该残差能够被我们所要考察的主要变量所解释，这在一定程度上说明利用该方法的合理性，也表明使用金融压抑理论解释中国企业名义贷款现象比较恰当。

从表 5 Panel A-1 和 Panel A-2 可见，短期银行借款影响因素的预测方向在各年度基本保持一致。具体而言，上一期负债率 Lev 与本期的短期银行借款显著正相关。盈利能力 Profit 与短期银行借款显著负相关，表明盈利能力强的企业对短期银行借款的依赖程度较低。规模 Size 与负债率显著负相关，发现在 2002 年以后基本保持稳定。与盈利能力相类似，如果企业的现金产生能力 Fd 越高，对短期银行借款的依赖越低，Fd 与短期借款在各年均呈现显著负相关关系。现金持有 Cash 也与短期银行借款在各年份体现了不一致的关系。现金持有 Cash 在 2004 年之前基本与短期银行借款体现出显著正相关关系。再融资 Seo 与短期银行借款在各年份体现了显著的负相关关系。该结果表明，如果企业在某年增发配股，在很大程度上会降低对银行借款的依赖，这在一定程度上表明股票市场融资与银行借款的互补性。独立董事比例 Indtor 和成长性 Mb 也与短期银行借款在各年份体现了不一致的相关性。

总体上，我们的预测模型分年度回归结果基本与以往银行借款影响因素的研究基本一致。在此基础上我们得到的残差基本上能够作为现有公司层面因素无法解释的部分，可以视为企业被留存贷款的代理变量。残差越大，表示企业名义贷款跟实际贷款的差异越大，贷款被留存的越多。值得一提的是，公司会利用举债的方式来限制自由现金流，以降低股东和高管之间的委托代理问题，为此，我们在模型中控制了公司治理变量，以降低该问题对本文研究结论的影响。银行借款可能成为限制自由现金流从而降低委托代理问题的重要方式之一，而本文关注的是异常银行贷款。在转型经济的中国环境下，企业是否有动机通过超需求贷款来抑制代理问题值得商榷，但确实存在因为代理问题而发生的超需求贷款现象，我们在后面会针对该因素进行分析。

（二）超额现金持有的估计

理论上，无论企业贷款是贷前"自愿"留存还是贷后被强制留存，被留存的贷款都被冻结在企业存款账户内，最终表现为企业的货币资金增加。由于这部分货币资金无法使用，而企业又必须持有适当的可流动性货币资金以满足经营性需要，因此，贷款被留存可能的表现之一就是企业超额持有货币资金。参照辛宇（2006）的研究，我们建立多元回归模型分年估计计算残差，作为超额现金持有的代理变量。分年 OLS 回归结果见表 5 Panel B-1 和 Panel B-2。

由于我们将残差大于零视为发生了"贷款被留存"事件，因此，我们对残差大于零的样本进行了详细的描述性统计分析，具体见表 6 Panel A 和 Panel B。

表 5　Panel A-1　短期银行借款的分年度估计 1

| 变量名称 | 符号 | 1999 | 2000 | 2001 | 2002 | 2003 | 2004 | 2005 |
|---|---|---|---|---|---|---|---|---|
| 负债率 | Lev | 0.3710*** (12.42) | 0.3660*** (13.34) | 0.3758*** (13.55) | 0.3942*** (15.09) | 0.3472*** (13.63) | 0.3186*** (12.80) | 0.3349*** (13.53) |
| 盈利能力 | Profit | -0.3288*** (-4.41) | -0.3747*** (-4.43) | -0.3007*** (-4.35) | -0.3400*** (-5.08) | -0.4632*** (-6.04) | -0.4886*** (-7.41) | -0.4637*** (-7.94) |
| 规模 | Size | -0.0029 (-0.52) | -0.0107* (-1.79) | -0.0057 (-0.98) | -0.0110** (-2.06) | -0.0137*** (-2.94) | -0.0142*** (-3.10) | -0.0173*** (-4.06) |
| 资金需求 | Fd | -0.1699*** (-3.83) | -0.2677*** (-5.63) | -0.2407*** (-6.15) | -0.3030*** (-7.42) | -0.2824*** (-7.27) | -0.2337*** (-6.02) | -0.1742*** (-4.39) |
| 抵押性 | Tan | -0.0616** (-2.16) | -0.0142 (-0.47) | -0.0342 (-1.16) | -0.0114 (-0.42) | -0.0219 (-0.83) | -0.0071 (-0.27) | 0.0391 (1.54) |
| 现金持有 | Cash | 0.0777 (1.38) | 0.1881*** (3.96) | 0.1509*** (3.48) | 0.1455*** (3.34) | 0.1373*** (3.23) | 0.0018 (0.04) | -0.0075 (-0.17) |
| 再融资 | Seo | -0.0441*** (-4.03) | -0.0583*** (-5.94) | -0.0514*** (-4.83) | -0.0796*** (-4.93) | -0.0552*** (-3.24) | -0.0647*** (-3.32) | -0.0072 (-0.14) |
| 独立董事 | Indtor | 0.0091 (0.09) | -0.0935 (-1.60) | 0.0179 (0.50) | 0.0284 (0.63) | 0.0116 (0.21) | 0.0075 (0.11) | 0.0747 (0.99) |
| 成长性 | Mb | 0.0101*** (6.41) | 0.0047*** (4.08) | 0.0067*** (4.84) | 0.0035** (2.24) | 0.0022 (1.20) | 0.0021 (0.85) | 0.0008 (0.37) |
| 常数项 | Cons | 0.0999 (0.84) | 0.2544** (1.98) | 0.1359 (1.09) | 0.2417** (2.10) | 0.3347*** (3.28) | 0.3644*** (3.63) | 0.3741*** (3.98) |
| 行业 | Indu | 控制 | 控制 | 控制 | 控制 | 控制 | 控制 | 控制 |
| N | | 637 | 608 | 686 | 780 | 839 | 905 | 926 |
| R2 | | 0.549 | 0.571 | 0.536 | 0.497 | 0.458 | 0.441 | 0.430 |

注：括号内为 T 值，*p<0.1，**p<0.05，***p<0.01。所有回归均为普通最小二乘法（OLS）。

表 5　　Panel A-2 短期银行借款的分年度估计 2

| 变量名称 | 符号 | 2006 | 2007 | 2008 | 2009 | 2010 | 2011 |
|---|---|---|---|---|---|---|---|
| 负债率 | Lev | 0.3006***<br>(12.49) | 0.2797***<br>(11.64) | 0.2596***<br>(10.42) | 0.2754***<br>(11.34) | 0.2681***<br>(10.88) | 0.2850***<br>(10.86) |
| 盈利能力 | Profit | -0.3672***<br>(-5.15) | -0.2884***<br>(-4.36) | -0.3212***<br>(-5.35) | -0.2259***<br>(-3.33) | -0.3858***<br>(-4.29) | -0.2946***<br>(-3.47) |
| 规模 | Size | -0.0212***<br>(-5.35) | -0.0152***<br>(-3.97) | -0.0124***<br>(-3.22) | -0.0190***<br>(-5.14) | -0.0190***<br>(-5.13) | -0.0197***<br>(-5.43) |
| 资金需求 | Fd | -0.1636***<br>(-4.18) | -0.1865***<br>(-4.85) | -0.1534***<br>(-3.79) | -0.1897***<br>(-5.03) | -0.1651***<br>(-4.10) | -0.1411***<br>(-3.22) |
| 抵押性 | Tan | 0.0377<br>(1.53) | 0.0372<br>(1.49) | 0.0286<br>(1.08) | 0.0294<br>(1.14) | 0.0182<br>(0.67) | 0.0529*<br>(1.88) |
| 现金持有 | Cash | -0.0428<br>(-0.92) | -0.0386<br>(-0.90) | -0.0436<br>(-0.92) | -0.0136<br>(-0.34) | 0.0047<br>(0.11) | 0.0619<br>(1.43) |
| 再融资 | Seo | -0.0560***<br>(-3.50) | -0.0369***<br>(-3.52) | -0.0264**<br>(-2.31) | -0.0330***<br>(-3.14) | -0.0197**<br>(-2.00) | -0.0129<br>(-1.34) |
| 独立董事 | Indtor | -0.1209<br>(-1.61) | -0.1318*<br>(-1.82) | -0.0282<br>(-0.42) | 0.0541<br>(0.85) | 0.0286<br>(0.44) | -0.0011<br>(-0.02) |
| 成长性 | Mb | 0.0030**<br>(2.08) | 0.0000<br>(0.00) | -0.0012<br>(-0.73) | -0.0002<br>(-0.18) | -0.0016<br>(-1.60) | -0.0020<br>(-1.60) |
| 常数项 | Cons | 0.5368***<br>(6.05) | 0.4061***<br>(4.73) | 0.3237***<br>(3.81) | 0.4204***<br>(5.09) | 0.4278***<br>(5.26) | 0.4318***<br>(5.45) |
| 行业 | Indu | 控制 | 控制 | 控制 | 控制 | 控制 | 控制 |
| N | | 946 | 932 | 954 | 920 | 922 | 920 |
| R2 | | 0.383 | 0.364 | 0.326 | 0.366 | 0.373 | 0.369 |

注：括号内为 T 值，*p<0.1，**p<0.05，***p<0.01。所有回归均为普通最小二乘法（OLS）。

表 5　Panel B-1　企业现金持有的分年度估计 1

| 变量名称 | 变量符号 | 1999 | 2000 | 2001 | 2002 | 2003 | 2004 | 2005 |
|---|---|---|---|---|---|---|---|---|
| 经营活动现金流 | Cf | 0.2572***<br>(6.14) | 0.3277***<br>(6.33) | 0.1759***<br>(3.29) | 0.1803***<br>(3.76) | 0.1738***<br>(3.67) | 0.1765***<br>(4.58) | 0.0726*<br>(1.76) |
| 资产周转率 | Turnover | 0.0164<br>(1.58) | -0.0119<br>(-1.04) | -0.0000<br>(-0.00) | -0.0051<br>(-0.49) | 0.0001<br>(0.02) | 0.0285***<br>(3.73) | 0.0293***<br>(4.21) |
| 负债率 | Lev | -0.1053***<br>(-5.24) | -0.0842***<br>(-3.51) | -0.1287***<br>(-5.25) | -0.1070***<br>(-4.55) | -0.1215***<br>(-5.21) | -0.0741***<br>(-3.73) | -0.0961***<br>(-5.19) |
| 资产成长性 | Growth | 1.0803***<br>(3.63) | 2.7850***<br>(8.68) | 1.8821***<br>(5.32) | 2.4242***<br>(6.40) | 2.2670***<br>(5.97) | 0.6732*<br>(1.92) | 0.9939***<br>(2.97) |
| 规模 | Size | 0.0031<br>(0.75) | -0.0022<br>(-0.45) | -0.0127**<br>(-2.42) | -0.0082*<br>(-1.71) | -0.0055<br>(-1.23) | -0.0020<br>(-0.54) | -0.0045<br>(-1.29) |
| 是否支付现金股利 | Div | -0.0003<br>(-0.05) | -0.0004<br>(-0.05) | 0.0083<br>(0.95) | 0.0050<br>(0.64) | -0.0063<br>(-0.85) | 0.0117*<br>(1.75) | 0.0216***<br>(3.44) |
| 再融资 | Seo | 0.0285***<br>(3.17) | 0.0313***<br>(3.96) | 0.0298***<br>(3.66) | 0.0103<br>(1.43) | 0.0135<br>(1.63) | 0.0043<br>(0.48) | -0.0168<br>(-1.64) |
| 常数项 | Cons | 0.0761<br>(0.88) | 0.2018*<br>(1.95) | 0.4469***<br>(4.11) | 0.3495***<br>(3.54) | 0.3057***<br>(3.29) | 0.1854***<br>(2.32) | 0.2438***<br>(3.32) |
| 行业 | Indu | 控制 | 控制 | 控制 | 控制 | 控制 | 控制 | 控制 |
| N | | 637 | 608 | 686 | 780 | 839 | 905 | 926 |
| R2 | | 0.338 | 0.400 | 0.342 | 0.249 | 0.219 | 0.239 | 0.259 |

注：括号内为 T 值，*p<0.1，**p<0.05，***p<0.01。所有回归均为普通最小二乘法（OLS）。

表 5　Panel B-2 企业现金持有的分年度估计 2

| 变量名称 | 变量符号 | 2006 | 2007 | 2008 | 2009 | 2010 | 2011 |
|---|---|---|---|---|---|---|---|
| 经营活动现金流 | Cf | 0.0826** (2.06) | 0.1878*** (4.88) | 0.0652* (1.77) | 0.1659*** (3.97) | 0.1472*** (3.38) | 0.1406*** (3.22) |
| 资产周转率 | Turnover | 0.0363*** (5.68) | 0.0265*** (3.94) | 0.0316*** (4.87) | 0.0466*** (5.49) | 0.0290*** (3.75) | 0.0224*** (3.27) |
| 负债率 | Lev | -0.1150*** (-6.44) | -0.1036*** (-5.42) | -0.0915*** (-5.43) | -0.0739*** (-3.59) | -0.0953*** (-4.61) | -0.0985*** (-4.99) |
| 资产成长性 | Growth | 1.2832*** (4.30) | 0.3926* (1.68) | 0.9065*** (4.00) | 0.4932* (1.78) | 1.0652*** (4.12) | 0.7556*** (3.40) |
| 规模 | Size | -0.0049 (-1.52) | -0.0032 (-0.99) | -0.0004 (-0.14) | 0.0017 (0.52) | 0.0019 (0.61) | 0.0015 (0.51) |
| 是否支付现金股利 | Div | 0.0134** (2.29) | 0.0166*** (2.69) | 0.0179*** (3.00) | 0.0143** (2.07) | -0.0030 (-0.43) | 0.0131** (1.97) |
| 再融资 | Seo | 0.0213** (2.09) | 0.0295*** (3.70) | 0.0249*** (3.76) | 0.0081 (1.13) | 0.0194*** (2.87) | 0.0076 (1.23) |
| 常数项 | Cons | 0.2622*** (3.83) | 0.2268*** (3.28) | 0.1611** (2.57) | 0.1327* (1.93) | 0.1489** (2.29) | 0.1409** (2.27) |
| 行业 | Indu | 控制 | 控制 | 控制 | 控制 | 控制 | 控制 |
| N | | 946 | 932 | 954 | 920 | 922 | 920 |
| R2 | | 0.303 | 0.294 | 0.307 | 0.287 | 0.300 | 0.336 |

注：括号内为 T 值，*p<0.1，**p<0.05，***p<0.01。所有回归均为普通最小二乘法（OLS）。

表 6　　Panel A：被留存贷款的描述性统计

| 年份 | 国有企业 | | | | 民营企业 | | | |
|---|---|---|---|---|---|---|---|---|
| | 样本量 | 均值 | 标准差 | 中位数 | 样本量 | 均值 | 标准差 | 中位数 |
| 1999 | 222 | 0.059 | 0.051 | 0.047 | 90 | 0.072 | 0.059 | 0.066 |
| 2000 | 219 | 0.056 | 0.049 | 0.044 | 79 | 0.068 | 0.054 | 0.058 |
| 2001 | 237 | 0.062 | 0.048 | 0.053 | 103 | 0.066 | 0.055 | 0.058 |
| 2002 | 264 | 0.066 | 0.050 | 0.059 | 107 | 0.076 | 0.053 | 0.072 |
| 2003 | 300 | 0.067 | 0.054 | 0.059 | 116 | 0.073 | 0.057 | 0.063 |
| 2004 | 325 | 0.071 | 0.056 | 0.060 | 123 | 0.074 | 0.059 | 0.057 |
| 2005 | 331 | 0.072 | 0.055 | 0.061 | 122 | 0.073 | 0.057 | 0.068 |
| 2006 | 320 | 0.068 | 0.059 | 0.051 | 150 | 0.075 | 0.063 | 0.060 |
| 2007 | 304 | 0.071 | 0.062 | 0.052 | 136 | 0.074 | 0.061 | 0.058 |
| 2008 | 298 | 0.083 | 0.067 | 0.067 | 135 | 0.078 | 0.063 | 0.060 |
| 2009 | 295 | 0.076 | 0.068 | 0.059 | 142 | 0.065 | 0.062 | 0.043 |
| 2010 | 288 | 0.074 | 0.068 | 0.053 | 135 | 0.074 | 0.066 | 0.061 |
| 2011 | 291 | 0.075 | 0.070 | 0.059 | 141 | 0.076 | 0.068 | 0.056 |
| 总计 | 3694 | 0.070 | 0.059 | 0.056 | 1579 | 0.073 | 0.060 | 0.060 |

表 6　　Panel B：超额现金持有的描述性统计

| 年份 | 国有企业 | | | | 民营企业 | | | |
|---|---|---|---|---|---|---|---|---|
| | 样本量 | 均值 | 标准差 | 中位数 | 样本量 | 均值 | 标准差 | 中位数 |
| 1999 | 229 | 0.055 | 0.053 | 0.041 | 65 | 0.053 | 0.056 | 0.036 |
| 2000 | 215 | 0.063 | 0.055 | 0.049 | 51 | 0.067 | 0.073 | 0.038 |
| 2001 | 231 | 0.067 | 0.062 | 0.048 | 76 | 0.069 | 0.075 | 0.045 |
| 2002 | 247 | 0.072 | 0.063 | 0.059 | 79 | 0.074 | 0.065 | 0.052 |
| 2003 | 256 | 0.074 | 0.068 | 0.054 | 101 | 0.078 | 0.072 | 0.061 |
| 2004 | 298 | 0.064 | 0.060 | 0.047 | 108 | 0.066 | 0.058 | 0.053 |
| 2005 | 286 | 0.064 | 0.064 | 0.041 | 104 | 0.064 | 0.063 | 0.051 |
| 2006 | 307 | 0.058 | 0.056 | 0.047 | 127 | 0.056 | 0.060 | 0.037 |
| 2007 | 307 | 0.062 | 0.062 | 0.043 | 125 | 0.058 | 0.055 | 0.040 |
| 2008 | 296 | 0.062 | 0.059 | 0.047 | 114 | 0.057 | 0.059 | 0.038 |
| 2009 | 295 | 0.071 | 0.071 | 0.050 | 117 | 0.058 | 0.060 | 0.044 |
| 2010 | 300 | 0.067 | 0.069 | 0.047 | 122 | 0.058 | 0.059 | 0.040 |
| 2011 | 293 | 0.063 | 0.064 | 0.041 | 107 | 0.071 | 0.063 | 0.063 |
| 总计 | 3560 | 0.065 | 0.063 | 0.046 | 1296 | 0.063 | 0.063 | 0.044 |

　　从表 6 Panel A 可见，民营企业的残差均值和中位数在大多年份高于国有企业，总体均值 0.073 和中位数 0.060 均高于国有企业，体现了产权特征对残差的影响。从残差的标准差分布看，无论是国有企业还是民营企业，均

呈现递增趋势，表明残差的分布呈分散化特征。

无论是国有企业还是民营企业，残差均值均在 7%左右，这意味着中国上市公司的银行贷款平均虚高 7%左右，而企业短期借款比率均值为 17.8%，表明银行借款虚高 1/3 之多。从分布看，国有企业和民营企业的残差均值（7%左右）均高出中位数（6%左右）1 个百分点左右，表明企业正向残差分布不均衡，部分企业的残差较高，亦即贷款被留存现象较为严重。从表 6 Panel B 可见，国有企业和民营企业中，超额现金持有的均值（中位数）分别为 0.065（0.046）和 0.063（0.044），民营企业与国有企业差异不大。

# 六、实证检验结果

## （一）贷款被留存概率的影响因素

以是否发生贷款被留存哑变量为因变量，对假设 1-3 进行检验的回归结果见表 7。

由表 7 可见，在第一种定义的回归（1）中，M2 增长 Mopcy1 回归系数 -0.7903 虽然为负，但并不显著。企业地区贡献、产权性质与企业被留存贷款 D_exloand1 的关系均符合预期，并通过了显著性测试。企业地区贡献 Contb 回归系数 -0.1627，在 0.01 水平下显著，表明企业地区贡献越大，在银企谈判过程中的地位越高，越不容易被银行留存贷款。这印证了我们之前的假设，即地方政府在银企关系中扮演重要角色，会对隐性贷款契约产生重要影响。假设 2 得到支持。产权性质 State 回归系数为 -0.3192，亦在 0.01 水平下显著，表明国有企业 State 被银行留存贷款的可能性相对较小。该结果在逻辑上也与以往研究中发现的"信贷歧视"一致。民营企业在贷款契约中地位相对弱势，难以得到政府的信用担保，从而在贷款隐性契约中会承担更多贷款。该结果支持假设 3。

表 7　企业贷款被留存影响因素的 Logistic 多元回归检验

| 变量名称 | 变量符号 | 因变量：D_exloand1 | | 因变量：D_exloand2 | |
|---|---|---|---|---|---|
| | | (1) | (2) | (3) | (4) |
| M2增长 | Mopcy1 | -0.7903 | | -1.7083** | |
| | | (-1.32) | | (-2.54) | |
| 贷存差 | Mopcy2 | | 0.4376*** | | 0.6058*** |
| | | | (3.83) | | (4.85) |
| 企业地区贡献 | Contb | -0.1627*** | -0.1589*** | -0.1758*** | -0.1699*** |
| | | (-6.10) | (-5.95) | (-5.69) | (-5.50) |
| 产权性质 | State | -0.3192*** | -0.3212*** | -0.2302*** | -0.2323*** |
| | | (-7.47) | (-7.52) | (-5.01) | (-5.05) |
| 名义贷款利率 | Finexp | -3.8868*** | -3.9035*** | -5.5866*** | -5.6080*** |
| | | (-7.62) | (-7.66) | (-9.81) | (-9.82) |
| 银行集中度 | Hbank | 3.4321*** | 1.9527 | 2.0812 | 0.5511 |
| | | (2.90) | (1.61) | (1.62) | (0.42) |
| 地区金融竞争指数 | Comti | 0.0256*** | 0.0284*** | -0.0016 | 0.0019 |
| | | (3.18) | (3.50) | (-0.18) | (0.21) |
| 行业 | Indu | 控　制 | 控　制 | 控　制 | 控　制 |
| 常数项 | Cons | 0.3610** | -1.1789*** | -0.1870 | -2.4538*** |
| | | (1.97) | (-3.09) | (-0.92) | (-5.87) |
| N | | 12134 | 12134 | 12134 | 12134 |
| Pseudo R2 | | 0.012 | 0.013 | 0.015 | 0.016 |

注：本表回归为混合面板的 Logistic 多元回归，因变量为企业贷款被留存的代理变量 D_exloand。括号内为 Z 值，*p<0.1，**p<0.05，***p<0.01。

名义贷款利率 Finexp 的回归系数-3.8868 在 0.01 水平下显著，这意味着显性契约与隐性契约可以相互替代。若在显性贷款合同中规定的贷款利率越高，企业贷款被留存可能越低。银行集中度 Hbank 回归系数 3.4321 在 0.01 水平下显著，这意味着国家层面的银行集中度越高，企业被留存贷款的可能越大。与国家层面的银行集中度不同，企业所在地区的金融竞争指数 Comti 回归系数为 0.0256 在 0.01 水平下显著，这表明，企业所在地区的金融环境竞争性越高，银行在金融压抑的背景下越有动机在隐性贷款契约执行过程中通过留存企业贷款这种方式实现利润最大化。回归（2）中，存贷差 Mopcy2 的回归系数 0.4376 在 0.01 水平下显著，这意味着货币价格越高，企业贷款越容易被留存。在逻辑上，这与之前学者关于货币政策与银行贷款研究的发现一致。假设 1 得到支持。

在回归（3）和回归（4）中，因变量为增加了超额现金持有约束条件的 D_exloand2。M2 增长、贷存差、地区贡献、产权性质与企业被留存贷款

D_exloand2 的关系均符合预期，并通过了显著性测试。与回归（1）和回归
（2）不同，银行集中度 Hbank 和地区金融竞争指数 Comti 回归系数没有通
过显著性测试。

总体而言，表7的回归结果支持了假设1至假设3。

（二）金融压抑对主要考察变量与企业贷款被留存关系的调节作用

利率管制和准入管制是金融压抑的主要特点。对此，我们使用混合面板
的 Logistic 多元回归考察了名义贷款利率对主要考察变量与企业贷款被留存
关系的调节作用。回归结果见表 8 Panel A 和 Panel B。

表 8 Panel A 中，我们考察了名义贷款利率与其他主要考察变量的交互
作用。为便于解释交叉变量，我们将部分连续变量替换为哑变量。在回归（1）
和回归（4）中，我们定义了 M2 增长哑变量和存贷差哑变量，如果 M2 增长
和存贷差超过中位数，则定义该变量为 1，否则为 0。回归（1）和回归（4）
的名义贷款利率和宏观货币政策哑变量的交叉变量回归系数分别为-0.6506
和 0.6564，并不显著，表明名义贷款利率与宏观货币政策并没有对企业贷款
被留存发生交互作用。同样地，我们在回归（2）和回归（4）中定义了高地
区贡献哑变量，如果企业地区贡献 Contb 超过了年度行业中位数，则定义高
地区贡献哑变量 Dcontb 为 1，否则为 0。回归结果显示，Finexp_Dcontb 回归
系数分别为 3.8726 和 3.8121，均在 0.01 水平下显著，名义贷款利率 Finexp
和地区贡献哑变量 Dcontb 回归系数依然均在 0.01 水平下显著，并符合预期。
这表明，企业地区贡献的大小可以降低名义贷款利率对企业贷款被留存的影
响。在回归（3）和回归（6）中，名义贷款利率与产权性质的交互变量并不
显著。

表 8 Panel B 中，我们将 D_exloand2 作为因变量。回归结果与 Panel A
基本一致。表 8 实证结果表明，名义贷款利率和地区贡献的交互作用对企业
贷款被留存产生显著影响，这在一定程度上表明名义贷款利率对企业贷款被
留存产生重要影响。

除了利率管制，市场准入管制也是金融压抑的重要特征。因此，我们也
考察了银行集中度和地区金融竞争指数与其他主要考察变量的交互作用，但
我们并没有发现显著结果。这在一定程度上表明，单纯的降低市场准入门槛，
对缓解企业贷款被留存作用有限。

表 8　Panel A：名义贷款利率的交互项与贷款被留存的检验 1

因变量：D_exloand1

| 变量名称 | 变量符号 | (1) | (2) | (3) | (4) | (5) | (6) |
|---|---|---|---|---|---|---|---|
| M2增长 | Mopcy1 | | -0.7236<br>(-1.21) | -0.7911<br>(-1.33) | | | |
| 存贷差 | Mopcy2 | | | | | 0.4397***<br>(3.85) | 0.4371***<br>(3.83) |
| M2增长哑变量 | Dmp1 | 0.0124<br>(0.18) | | | | | |
| 存贷差哑变量 | Dmp2 | | | | 0.1445*<br>(1.89) | | |
| 企业地区贡献 | Contb | -16.3401***<br>(-6.11) | | -16.2621***<br>(-6.09) | -16.4812***<br>(-6.17) | | -15.8878***<br>(-5.95) |
| 高企业地区贡献哑变量 | Dcontb | | -0.4637***<br>(-7.05) | | | -0.4580***<br>(-6.97) | |
| 产权性质 | State | -0.3193***<br>(-7.47) | -0.3200***<br>(-7.49) | -0.3508***<br>(-4.60) | -0.3227***<br>(-7.55) | -0.3217***<br>(-7.52) | -0.3501***<br>(-4.59) |
| 名义贷款利率 | Finexp | -3.4815***<br>(-4.43) | -5.9104***<br>(-8.26) | -4.2952***<br>(-4.46) | -4.1876***<br>(-5.29) | -5.9029***<br>(-8.25) | -4.2762***<br>(-4.45) |
| 银行集中度 | Hbank | 3.8606***<br>(3.33) | 3.2791***<br>(2.76) | 3.4197***<br>(2.89) | 1.7725<br>(1.41) | 1.7289<br>(1.42) | 1.9447<br>(1.60) |
| 地区金融竞争指数 | Comti | 0.0252***<br>(3.12) | 0.0263***<br>(3.29) | 0.0257***<br>(3.19) | 0.0285***<br>(3.51) | 0.0289***<br>(3.61) | 0.0285***<br>(3.51) |
| 名义利率*M2哑变量 | Finexp_Dmp1 | -0.6506<br>(-0.64) | | | | | |

续表

因变量：D_exloand1

| 变量名称 | 变量符号 | (1) | (2) | (3) | (4) | (5) | (6) |
|---|---|---|---|---|---|---|---|
| 名义利率*存贷差哑变量 | Finexp_Dmp2 | | | | 0.6564<br>(0.64) | | |
| 名义利率*地区贡献哑变量 | Finexp_Dcontb | | 3.8726***<br>(3.86) | | | 3.8121***<br>(3.80) | |
| 名义利率*产权性质 | Finexp_State | | | 0.5609<br>(0.50) | | | 0.5121<br>(0.46) |
| 行业 | Indu | 控制 | 控制 | 控制 | 控制 | 控制 | 控制 |
| 常数项 | Cons | 0.1939<br>(1.36) | 0.5306***<br>(2.83) | 0.3851**<br>(2.03) | 0.1829<br>(1.34) | -1.0012***<br>(-2.61) | -1.1554***<br>(-3.00) |
| N | | 12134 | 12134 | 12134 | 12134 | 12134 | 12134 |
| Pseudo R2 | | 0.012 | 0.013 | 0.012 | 0.013 | 0.014 | 0.013 |

注：本表回归为混合面板的 Logistic 多元回归，因变量为企业贷款被留存的代理哑变量 D_exloand1。括号内为 Z 值，*p<0.1，**p<0.05，***p<0.01。

表 8 Panel B: 名义贷款利率的交互项与贷款被留存的检验 2

因变量：D_exloand2

| 变量名称 | 变量符号 | (1) | (2) | (3) | (4) | (5) | (6) |
|---|---|---|---|---|---|---|---|
| M2增长 | Mopcy1 | | -1.6488** (-2.45) | -1.7075** (-2.54) | | | |
| 存贷差 | Mopcy2 | | | | | 0.6158*** (4.93) | 0.6072*** (4.86) |
| M2增长哑变量 | Dmp1 | -0.0490 (-0.68) | | | | | |
| 存贷差哑变量 | Dmp2 | | | | 0.1858** (2.25) | | |
| 企业地区贡献 | Contb | -0.1784*** (-5.77) | | -0.1762*** (-5.70) | -0.1773*** (-5.74) | | -0.1703*** (-5.51) |
| 企业地区贡献哑变量 | Dcontb | | -0.3278*** (-4.70) | | | -0.3208*** (-4.59) | |
| 产权性质 | State | -0.2293*** (-4.99) | -0.2348*** (-5.11) | -0.1724** (-2.17) | -0.2328*** (-5.06) | -0.2366*** (-5.15) | -0.1708** (-2.15) |
| 名义贷款利率 | Finexp | -5.2309*** (-6.02) | -6.7244*** (-8.60) | -4.8144*** (-4.66) | -5.6186*** (-6.19) | -6.7174*** (-8.57) | -4.7843*** (-4.62) |
| 银行集中度 | Hbank | 2.6719** (2.13) | 2.1280* (1.66) | 2.1059 (1.64) | 0.9712 (0.72) | 0.5043 (0.38) | 0.5715 (0.43) |
| 地区金融竞争指数 | Comti | -0.0026 (-0.30) | 0.0020 (0.23) | -0.0017 (-0.19) | 0.0009 (0.10) | 0.0052 (0.59) | 0.0017 (0.19) |
| 名义利率*M2哑变量 | Finexp_Dmp1 | -0.5655 (-0.50) | | | | | |
| 名义利率*存贷差哑变量 | Finexp_Dmp2 | | | | 0.2222 (0.19) | | |

续表

| 变量名称 | 变量符号 | 因变量：D_exloand2 | | | | | |
|---|---|---|---|---|---|---|---|
| | | (1) | (2) | (3) | (4) | (5) | (6) |
| 名义利率*地区贡献哑变量 | Finexp_Dcontb | | 2.3589** | | | 2.2806** | |
| | | | (2.10) | | | (2.03) | |
| 名义利率*产权性质 | Finexp_State | | | -1.0938 | | | -1.1669 |
| | | | | (-0.89) | | | (-0.95) |
| 行业 | Indu | 控制 | 控制 | 控制 | 控制 | 控制 | 控制 |
| 常数项 | Cons | -0.4863*** | -0.1256 | -0.2297 | -0.5820*** | -2.4097*** | -2.5035*** |
| | | (-3.13) | (-0.61) | (-1.10) | (-3.91) | (-5.74) | (-5.94) |
| N | | 12134 | 12134 | 12134 | 12134 | 12134 | 12134 |
| Pseudo R2 | | 0.015 | 0.015 | 0.015 | 0.016 | 0.016 | 0.016 |

注：本表回归为混合面板的 Logistic 多元回归，因变量为企业资款被留存的代理哑变量 D_exloand。括号内为 Z 值，*p<0.1，**p<0.05，***p<0.01。

（三）银行业的竞争对主要考察变量与企业贷款被留存关系的调节作用

2006 年，外资银行业务加入人民币业务的竞争。2007 年，南京银行、宁波银行和北京银行三家城市商业银行同年上市。2009 年，银监会取消了中小商业银行分支机构指标的限制，城市商业银行异地扩张加快，这进一步加大了银行业的竞争。我们以 2006 年为界，考察不同的银行业竞争环境中主要考察变量与企业贷款被留存关系的变化。如果年份大于 2006 年，则定义哑变量 Y2006 为 1，否则为 0。主要回归结果见表 9 Panel A 和 Panel B。

由表 9 Panel A 回归（1）至回归（3）可见，在控制 2006 年哑变量及其交叉变量后，M2 增长回归系数不再显著。地区贡献与 2006 哑变量的交叉变量回归系数 11.3722 在 0.05 水平下显著，这表明，2006 年以后，银行业总体的竞争加剧，显著降低了企业地区贡献对企业贷款被留存的影响。在回归（4）至回归（6）中，存贷差变量依然在 0.01 水平下显著，并且存贷差、地区贡献与 2006 年份哑变量的交叉变量回归系数-0.6522 和 10.4990 均在 0.05 水平下显著，这意味着银行业总体的竞争在很大程度上降低了货币政策、政府干预在银企隐性信贷契约中的作用。

由表 9 Panel B 可见，在使用严格限制条件的因变量 D_exloand2 的回归中，只有回归（4）中的存贷差与 2006 哑变量的交叉变量的回归系数-1.0051 在 0.01 水平下显著，表明银行业的竞争在一定程度上降低了货币政策对企业贷款被留存的影响，该结果与表 9 Panel A 结果基本一致。

表9　Panel A：企业贷款被留存影响因素的检验1——2006年前后比较

| 变量名称 | 变量符号 | 因变量：D_exloand1 | | | | | |
|---|---|---|---|---|---|---|---|
| | | (1) | (2) | (3) | (4) | (5) | (6) |
| M2增长 | Mopcy1 | -0.0876 (-0.06) | -0.6255 (-1.04) | -0.6204 (-1.04) | | | |
| 存贷差 | Mopcy2 | | | | 0.9683*** (3.71) | 0.4090*** (3.58) | 0.4219*** (3.70) |
| 企业地区贡献 | Contb | -16.2794*** (-6.09) | -21.6709*** (-6.11) | -16.2654*** (-6.09) | -15.4462*** (-5.76) | -20.9068*** (-5.88) | -15.9034*** (-5.95) |
| 产权性质 | State | -0.3243*** (-7.58) | -0.3246*** (-7.59) | -0.3762*** (-6.10) | -0.3269*** (-7.64) | -0.3264*** (-7.63) | -0.3792*** (-6.14) |
| 名义贷款利率 | Finexp | -3.7050*** (-7.22) | -3.6561*** (-7.13) | -3.6809*** (-7.17) | -3.6927*** (-7.20) | -3.6835*** (-7.18) | -3.7059*** (-7.23) |
| 银行集中度 | Hbank | 0.6459 (0.38) | 0.2106 (0.14) | 0.3456 (0.23) | -2.7452 (-1.62) | -1.1852 (-0.77) | -1.1171 (-0.72) |
| 金融竞争指数 | Comti | 0.0286*** (3.52) | 0.0279*** (3.43) | 0.0287*** (3.53) | 0.0313*** (3.83) | 0.0306*** (3.74) | 0.0315*** (3.85) |
| 2006哑变量 | y2006 | -0.0627 (-0.22) | -0.2385*** (-3.94) | -0.2549*** (-3.07) | 1.9776** (2.14) | -0.2307*** (-3.81) | -0.2526*** (-3.05) |
| M2增长*2006哑变量 | Mopcy1_y2006 | -0.6540 (-0.43) | | | | | |
| 存贷差*2006哑变量 | Mopcy2_y2006 | | | | -0.6522** (-2.34) | | |
| 地区贡献*2006哑变量 | Contb_y2006 | | 11.3722** (2.31) | | | 10.4990** (2.13) | |
| 产权性质*2006哑变量 | State_y2006 | | | 0.0986 (1.18) | | | 0.1007 (1.20) |
| 常数项 | Cons | 0.4432 (1.38) | 0.5884*** (3.04) | 0.5855*** (3.01) | -2.6649*** (-3.14) | -0.8340** (-2.13) | -0.8732** (-2.23) |
| | N | 12134 | 12134 | 12134 | 12134 | 12134 | 12134 |
| | Pseudo R2 | 0.013 | 0.013 | 0.013 | 0.014 | 0.014 | 0.014 |

注：因变量为企业贷款被留存的代理变量 D_exloand1。括号内为 Z 值，*p<0.1，**p<0.05，***p<0.01。

表 9　Panel B：企业贷款被留存影响因素的检验 2——2006 年前后比较

| 变量名称 | 变量符号 | 因变量：D_exloand2 | | | | | |
| --- | --- | --- | --- | --- | --- | --- | --- |
| | | (1) | (2) | (3) | (4) | (5) | (6) |
| M2增长 | Mopcy1 | -2.2844 (-1.54) | -1.6224** (-2.40) | -1.6188** (-2.39) | | | |
| 存贷差 | Mopcy2 | | | | 1.4342*** (5.15) | 0.5966*** (4.74) | 0.6015*** (4.79) |
| 企业地区贡献 | Contb | -17.6216*** (-5.70) | -20.1354*** (-4.95) | -17.5663*** (-5.69) | -16.1696*** (-5.22) | -18.9526*** (-4.65) | -16.9834*** (-5.49) |
| 产权性质 | State | -0.2323*** (-5.05) | -0.2327*** (-5.06) | -0.2536*** (-3.96) | -0.2364*** (-5.14) | -0.2349*** (-5.11) | -0.2577*** (-4.02) |
| 名义贷款利率 | Finexp | -5.4895*** (-9.58) | -5.4766*** (-9.55) | -5.4850*** (-9.57) | -5.4620*** (-9.51) | -5.5026*** (-9.58) | -5.5068*** (-9.59) |
| 金融竞争指数 | Comti | 0.0459 (0.03) | 0.4096 (0.25) | 0.4662 (0.28) | -3.8402** (-2.01) | -1.1839 (-0.70) | -1.1584 (-0.68) |
| 银行集中度 | Hbank | -0.0003 (-0.03) | -0.0003 (-0.04) | 0.0000 (0.00) | 0.0037 (0.41) | 0.0031 (0.35) | 0.0035 (0.39) |
| 2006哑变量 | Y2006 | -0.2492 (-0.81) | -0.1224* (-1.87) | -0.1273 (-1.45) | 3.2221*** (3.25) | -0.1183* (-1.80) | -0.1317 (-1.50) |
| M2增长*2006哑变量 | Mopcy1_y2006 | 0.8326 (0.50) | | | | | |
| 存贷差*2006哑变量 | Mopcy2_y2006 | | | | -1.0051*** (-3.35) | | |
| 地区贡献*2006哑变量 | Contb_y2006 | | 5.5322 (0.98) | | | 4.2161 (0.74) | |

续表

| 变量名称 | 变量符号 | 因变量：D_exloand2 | | | | | |
|---|---|---|---|---|---|---|---|
| | | (1) | (2) | (3) | (4) | (5) | (6) |
| 产权性质*<br>2006哑变量 | State_y2006 | 0.0508<br>(0.15) | | 0.0423<br>(0.47) | | | 0.0460<br>(0.51) |
| 常数项 | Cons | -2.3033***<br>(-5.37) | -0.0703<br>(-0.33) | -0.0735<br>(-0.34) | -4.9863***<br>(-5.52) | -2.2898***<br>(-5.33) | -2.3033***<br>(-5.37) |
| N | | 12134 | 12134 | 12134 | 12134 | 12134 | 12134 |
| Pseudo R2 | | 0.015 | 0.015 | 0.015 | 0.017 | 0.017 | 0.016 |

注：因变量为企业贷款被留存的代理变量 D_exloand2。括号内为 Z 值，*p<0.1，**p<0.05，***p<0.01。

（四）企业代理问题对企业贷款被留存的影响

现实中，可能会存在部分企业因为代理问题而主动向银行申请超过实际需求的银行贷款，导致企业实际银行负债水平超过预测值，其表现与企业贷款被留存的结果一致。为避免该代理问题对本文实证结论的影响，我们按照企业是否需求现金，将样本划分为需求现金的企业和不需求现金的企业进行进一步讨论，以降低企业管理层的代理问题对本文研究结论的影响。具体地，如果经营活动净现金流和投资活动净现金流之和小于零，我们则认为该企业资金需求较大，否则，则认为该企业资金需求较小。我们设置资金需求哑变量 Dfd，如果企业资金需求较小，Fd 大于零，则定义资金需求哑变量为 1，否则为 0。使用交叉变量的方法，我们没有发现两类样本的显著差异。我们也分别对资金需求不同的样本分别进行了回归，回归结果基本与全样本基本一致。该结果表明，代理问题可能并不是影响企业贷款被留存的主要因素。回归结果见表 10。

由表 10 可见，无论因变量是 D_exloand1 还是 D_exloand2，贷款被留存的影响因素基本不变。该结果表明，代理问题可能并不是导致企业超额银行贷款的主要因素，至少，我们并没有发现代理问题影响企业超额贷款的证据。

（五）被留存贷款的经济后果

企业被留存贷款会对企业业绩产生如何影响？我们对此进行了检验。回归结果见表 11。

表 10　代理问题与贷款被留存影响因素

| 变量名称 | 变量符号 | 因变量：D_exloand1 | | | | 因变量：D_exloand2 | | | |
| --- | --- | --- | --- | --- | --- | --- | --- | --- | --- |
| | | Dfd=1 | | Dfd=0 | | Dfd=1 | | Dfd=0 | |
| | | (1) | (2) | (3) | (4) | (5) | (6) | (7) | (8) |
| M2增长 | Mopcy1 | -1.1260 (-1.37) | | -0.4356 (-0.50) | | -1.6466* (-1.79) | | -2.0155** (-2.03) | |
| 存贷差 | Mopcy2 | | 0.5184*** (3.20) | | 0.3747** (2.31) | | 0.7746*** (4.38) | | 0.4120** (2.32) |
| 企业地区贡献 | Contb | -18.1371*** (-4.52) | -17.7315*** (-4.41) | -15.2174*** (-4.23) | -14.8717*** (-4.13) | -16.4522*** (-3.59) | -15.7308*** (-3.43) | -19.3345*** (-4.58) | -18.9207*** (-4.48) |
| 产权性质 | State | -0.3866*** (-6.04) | -0.3896*** (-6.08) | -0.2636*** (-4.58) | -0.2641*** (-4.59) | -0.2943*** (-4.29) | -0.2987*** (-4.34) | -0.1887*** (-3.04) | -0.1899*** (-3.06) |
| 名义贷款利率 | Finexp | -4.2116*** (-6.09) | -4.2004*** (-6.08) | -3.5485*** (-4.46) | -3.5479*** (-4.46) | -5.7859*** (-7.57) | -5.7996*** (-7.56) | -6.1947*** (-6.92) | -6.1565*** (-6.86) |
| 银行集中度 | Hbank | 3.0366* (1.74) | 1.5803 (0.89) | 3.5144** (2.16) | 1.9824 (1.18) | 2.8172 (1.49) | 0.6729 (0.35) | 1.2760 (0.72) | 0.7687 (0.42) |
| 金融竞争指数 | Comti | 0.0258** (2.20) | 0.0292** (2.47) | 0.0262** (2.34) | 0.0287** (2.54) | -0.0022 (-0.17) | 0.0028 (0.22) | -0.0047 (-0.38) | -0.0026 (-0.21) |
| 常数项 | Cons | 0.4935* (1.90) | -1.3879** (-2.54) | 0.2508 (0.95) | -1.0086* (-1.88) | -0.0374 (-0.13) | -2.8459*** (-4.77) | -0.2057 (-0.70) | -1.9199*** (-3.25) |
| N | | 5661 | 5661 | 6473 | 6473 | 5661 | 5661 | 6473 | 6473 |
| Pseudo R2 | | 0.014 | 0.016 | 0.012 | 0.012 | 0.020 | 0.023 | 0.013 | 0.013 |

注：回归（1）和回归（2）因变量为企业贷款被留存的代理变量 D_exloand1；回归（3）和回归（4）因变量为企业贷款被留存的代理变量 D_exloand2。括号内为 Z 值，*p<0.1，**p<0.05，***p<0.01。

### 表 11　贷款被留存的经济后果

| 变量名称 | 变量符号 | Bhar (1) | Difroe (2) | Bhar (3) | Difroe (4) |
|---|---|---|---|---|---|
| 贷款被留存哑变量1 | D_exload1 | -0.0243*** (-2.71) | | | |
| 滞后期贷款被留存哑变量1 | L.d_exload1 | | -0.0046*** (-4.28) | | |
| 贷款被留存哑变量2 | D_exload2 | | | -0.0187* (-1.72) | |
| 滞后期贷款被留存哑变量2 | L.d_exload2 | | | | -0.0026** (-2.24) |
| 产权性质 | State | -0.0066 (-0.63) | 0.0024* (1.90) | -0.0055 (-0.53) | 0.0026** (2.05) |
| 规模 | Size | 0.0421*** (7.94) | -0.0003 (-0.50) | 0.0422*** (7.95) | -0.0003 (-0.47) |
| 财务杠杆 | Leverage | -0.0321 (-0.97) | -0.0214*** (-6.27) | -0.0360 (-1.08) | -0.0221*** (-6.48) |
| 独董比例 | Indtor | -0.0744 (-0.99) | 0.0065 (0.73) | -0.0742 (-0.99) | 0.0063 (0.70) |
| 会计业绩 | ROE | 1.9456*** (21.44) | | 1.9408*** (21.39) | |
| 成长性 | MB | 0.0517*** (31.34) | | 0.0518*** (31.35) | |
| 个股风险 | Beta | -4.0497*** (-7.13) | | -4.0421*** (-7.11) | |
| 滞后期股票回报率 | L.bhar | -0.1061*** (-14.76) | | -0.1059*** (-14.73) | |
| 常数项 | Cons | -0.9471*** (-8.14) | 0.0211* (1.69) | -0.9554*** (-8.21) | 0.0194 (1.55) |
| 年份 | Year | 控制 | | 控制 | |
| 行业 | Indu | 控制 | | 控制 | |
| N | | 10338 | 10338 | 10338 | 10338 |
| $R^2$ | | 0.149 | 0.043 | 0.149 | 0.042 |

注：回归（1）和回归（2）因变量分别为贷款企业股票的一年期购买并持有超额累计回报率 Bhar 和会计业绩增长 Difoe，主要考察变量为第一种定义的哑变量 D_exload1，回归（3）和回归（4）主要考察变量为第二种定义的哑变量 D_exload2。本表回归为 OLS 回归，括号内为 T 值。*p<0.1，**p<0.05，***p<0.01。

无论是会计业绩还是市场业绩，企业贷款被留存均与之体现出显著的负相关关系。这表明，因金融压抑导致的银企之间的隐性贷款契约是以牺牲企业利益为代价。尤其是市场业绩，体现了市场对贷款企业未来的预期。因此，企业贷款被留存，不仅仅有损于短期的会计业绩，对公司的长远利益也构成损害。

我们也考察了不同现金需求程度企业贷款被留存的经济后果。我们并没有发现两类样本的显著差异。

## 七、稳健性测试

（一）贷款被留存变量的多种定义

贷款被留存是本文的关键变量。为保证结果的稳健性，我们使用多种方法衡量定义贷款被留存变量。第一，仅模型（1）的回归残差（无法解释的贷款）作为贷款被留存的代理连续变量；第二，将模型（1）的回归残差大于零的部分定义为贷款被留存的哑变量；第三，参照戴璐、汤谷良（2007）的研究，我们也考虑了较多的货币资金持有作为贷款被留存的条件之一。具体的，如果模型（1）的回归残差大于零，并且货币资金占总资产比重超过20%或10%，将其定义为贷款被留存。以上三种方法所得到的实证结果基本与正文实证发现一致。

（二）利用 Tobit 模型解决残差小于零问题

我们利用基于面板数据的 Tobit 模型检验了假设一至假设三，实证结论与 Logistic 回归结果基本一致。

（三）将短期银行借款替换为银行总借款

我们考察了包括短期和长期银行借款在内的银行借款总额被留存现象。实证发现基本与短期借款一致。

（四）将地区贡献变量替换为利润总额占企业所在地政府的财政收入

将地区贡献变量替换为利润总额占企业所在地政府的财政收入后，实证结果基本不变。

（五）分样本回归

考虑到国有企业和民营企业银行贷款的系统性差异，我们分别对两类样本进行回归。因变量为企业贷款被留存哑变量 D_exloand1，回归结果见表12 Panel A。

表 12 Panel A：贷款被留存影响因素，国有企业和民营企业的分样本检验

| 变量名称 | 变量符号 | 国有企业（1） | 民营企业（2） | 国有企业（3） | 民营企业（4） |
|---|---|---|---|---|---|
| M2增长率 | Mopcy1 | -1.599**<br>(-2.48) | -1.143<br>(-1.10) | | |
| 利差 | Mopcy2 | | | 0.553***<br>(4.59) | 0.443**<br>(2.29) |
| 地区贡献 | Contb | -16.686***<br>(-5.61) | -16.749***<br>(-2.76) | -15.929***<br>(-5.35) | -15.839***<br>(-2.60) |
| 金融竞争 | Comti | 0.022**<br>(2.52) | 0.001<br>(0.07) | 0.031***<br>(3.37) | 0.006<br>(0.45) |
| 财务费用 | Finexp | -3.928***<br>(-6.64) | -4.674***<br>(-4.81) | -3.860***<br>(-6.52) | -4.517***<br>(-4.64) |
| 行业 | Indu | 控制 | 控制 | 控制 | 控制 |
| 常数项 | Cons | 0.529***<br>(3.42) | 0.651***<br>(2.95) | -1.673***<br>(-3.75) | -1.079<br>(-1.55) |
| N | | 8849 | 3275 | 8849 | 3275 |
| Pseudo R2 | | 0.009 | 0.011 | 0.010 | 0.012 |

注：本表回归因变量为企业贷款被留存哑变量 D_exloand1。括号内为 Z 值，*p<0.1，**p<0.05，***p<0.01。

从表 12 可见，除了回归（2），本文的实证结论在子样本中得到验证。分样本的经济后果分析见表12 Panel B。

表 12 Panel B：贷款被留存的经济后果，

国有企业和民营企业的分样本检验

| 变量名称 | 变量符号 | Bhar<br>国有企业<br>（1） | Bhar<br>民营企业<br>（2） | Difroe<br>国有企业<br>（3） | Difroe<br>民营企业<br>（4） |
|---|---|---|---|---|---|
| 贷款被留存哑变量 | D_exloand | -0.031***<br>(-3.02) | -0.008<br>(-0.44) | | |
| 滞后期的BHAR | L.Bhar | -0.105***<br>(-12.32) | -0.115***<br>(-8.67) | | |
| 滞后期的贷款被留存 | L.d_exloand | | | -0.004***<br>(-3.71) | -0.005**<br>(-2.14) |
| 规模 | Size | 0.033***<br>(5.65) | 0.080***<br>(6.68) | -0.001<br>(-1.01) | 0.001<br>(0.69) |
| 负债率 | Lev | 0.017<br>(0.45) | -0.155**<br>(-2.33) | -0.017***<br>(-4.66) | -0.028***<br>(-3.86) |
| 会计业绩 | Roa | 1.935***<br>(17.70) | 1.899***<br>(11.56) | | |
| 成长性 | Mb | 0.052***<br>(26.64) | 0.052***<br>(16.87) | | |

续表

| 变量名称 | 变量符号 | Bhar | Bhar | Difroe | Difroe |
|---|---|---|---|---|---|
| | | 国有企业 | 民营企业 | 国有企业 | 民营企业 |
| 个股风险 | Beta | -3.935***<br>(-5.84) | -4.403***<br>(-4.17) | | |
| 独立董事比例 | Indtor | -0.106<br>(-1.23) | 0.050<br>(0.34) | -0.001<br>(-0.19) | 0.031*<br>(1.65) |
| 行业 | Indu | 控制 | 控制 | 控制 | 控制 |
| 年份 | Year | 控制 | 控制 | 控制 | 控制 |
| 常数项 | Cons | -0.790***<br>(-6.03) | -1.718***<br>(-6.54) | 0.033**<br>(2.43) | -0.012<br>(-0.41) |
| N | | 7537 | 2800 | 7537 | 2800 |
| R² | | 0.157 | 0.154 | 0.042 | 0.052 |

注：括号内为 Z 值，*表示 $p<0.1$，**表示 $p<0.05$，***表示 $p<0.01$。

在国有企业和民营企业的分样本检验中，企业贷款被留存与会计业绩均显著负相关，并且贷款被留存对民营企业会计业绩的负面影响超过国有企业，但民营企业的市场业绩检验并不显著。总体而言，分样本检验与全样本检验结果基本一致。

利用国有企业和民营企业样本，我们也考察了贷款被留存哑变量第二种定义的影响因素及经济后果，实证结果基本与第一种定义一致。

## 八、研究结论、启示和局限

### （一）研究结论和启示

以银行为核心的我国金融体系经过几十年的改革，已经颇具规模，对我国经济发展起到重要支持作用（Allen et al., 2005）。但是由于利率和金融市场准入等管制，我国金融体系处于被压抑状态。本该处于激烈竞争的银行业却因为金融压抑被推到了资金供给的垄断地位。一方面，银行作为特殊行业，要执行国家的货币政策，成为货币政策的调控中介之一；另一方面，银行作为自收自支的营利性企业，又要实现利润最大化的经营目标；同时，银行还要支持地方经济发展，维护与地方政府的良好关系。在显性的贷款契约受到管制的情况下，执行隐性贷款契约可能是银行缓解金融压抑、实现利润最大化的重要方式之一。

研究发现，在货币紧缩或者资金供给价格相对较高时，企业贷款被留存的可能性增加（贷款被留存越多），民营企业相对国有企业贷款被留存的可能性较大（贷款被留存越多），对地方财税贡献大的企业在贷款过程中可能得到政府的支持，贷款被留存的可能性较小（贷款被留存数量越少）。该研究结论在逻辑上与 Brandt 和 Li（2003）、方军雄（2007）、陆正飞等（2009）、饶品贵和姜国华（2011）的研究发现一致。进一步研究发现，若企业贷款被留存，会计业绩下降，投资者发生损失。这为 Huang 和 Wang（2011）、刘瑞明（2011）利用宏观数据发现金融压抑阻碍经济增长的研究结论提供了微观企业层面的佐证。

本研究在理论上丰富和发展了宏观政策对微观企业影响的研究文献，同时也将宏观政策与隐性契约相结合，分析两者对微观企业的影响。在实践中，能够为中国正在进行的金融体制改革提供实证借鉴。企业贷款被留存，企业显性的和隐性的贷款成本增加（陈冬华等，2013），这不利于企业成长和投资者保护。在被压抑的金融体系下，银行业的超额利润以牺牲实体企业的长远利益和投资者利益为代价，不利于企业可持续发展。从长远看，由于贷款成本的长期不透明增加或导致实体产业空心化，这既不利于银行业自身的长远发展，也会增加宏观金融风险。

如何解决银行在资金供给中的垄断地位，可能是本文留给读者的思考。单纯的利率市场化可能无法解决银行在货币资金供给中的垄断地位问题。降低民营银行的准入门槛，尽快实施企业上市的注册制，加快企业债券市场的建设，建立多元化的企业融资渠道，可能是从根本上缓解金融压抑对企业不良经济后果的重要举措。

（二）研究局限

本文研究中国金融压抑背景下的企业贷款被银行留存的影响因素及经济后果。其中，如何度量企业名义贷款和实际贷款的差异是本文的关键。虽然我们使用多种方法相互验证，尝试弥补个别方法的不足，也得到了和主要结论相一致的结果，但限于数据的可取得性和我们的研究能力，在识别被留存贷款时仍存在一定的噪音，这也是本文的一大不足。我们期待有更好的方法能够将该问题表述的更为精确，这也是我们下一步研究可能突破的方向之一。

## 参考文献

爱德华·肖，1988：《经济发展中的金融深化》，中译本，上海三联书店。

陈冬华、章铁生和李翔，2008：《法律环境、政府管制与隐性契约》，《经济研究》第 3 期，101-113。

陈冬华、陈富生、沈永建、尤海峰，2011：《高管变更、职工薪酬与隐性契约——来自中国上市公司的实证研究》，《经济研究》第 12 期 S2，100-112。

陈冬华、梁上坤和梅波，2013：《利率管制下的隐性资本成本》，《第一届宏观经济政策与微观企业行为研讨会论文集》，234-274。

邓超、敖宏、胡威和王翔，2010：《基于关系型贷款的大银行对小企业的贷款定价研究》，《经济研究》第 2 期，83-96。

樊纲、王小鲁和朱恒鹏，2011：《中国市场化指数：各地区市场化相对进程 2011 年报告》，北京，经济科学出版社。

方军雄，2007：《所有制、制度环境与信贷资金配置》，《经济研究》第 12 期，92-102。

贾新春、夏武勇和黄张凯，2008：《银行分支机构、国有银行竞争与经济增长》，《经济研究》第 2 期，7-14。

江伟和李斌，2006：《制度环境、国有产权与银行差别贷款》，《金融研究》第 11 期，89-102。

姜国华和饶品贵，2011：《宏观经济政策与微观企业行为——拓展会计与财务研究新领域》，《会计研究》第 3 期，9-18。

金中夏、洪浩和李宏瑾，2013：《利率市场化对货币政策有效性和经济结构调整的影响》，《经济研究》第 4 期，69-81。

蓝彬珍，2012：《银监会'七不准'规治，存贷挂钩乱象依然不止》，《经济观察报》，3 月 5 日。

李广子和刘力，2009：《债务融资成本与民营信贷歧视》，《金融研究》第 12 期，137-150。

林毅夫和李志赟，2004：《政策性负担、道德风险与预算软约束》，《经济研究》第 2 期，17-27。

林毅夫和李志赟，2005：《中国的国有企业与金融体制改革》，《经济学（季刊）》第 4 卷第 4 期，913-936。

刘瑞明，2011：《金融压抑、所有制歧视与增长拖累——国有企业效率损失再考察》，《经济学（季刊）》第 10 卷第 2 期，603-618。

卢峰和姚洋，2004：《金融压抑下的法治、金融发展和经济增长》，《中国社会科学》第 1 期，43-55。

陆正飞、祝继高和樊铮，2009：《银根紧缩、信贷歧视与民营上市公司投资者损失》，《金融研究》第 8 期，124-136。

聂伟柱，2012：《中国银行业网点数突破 20 万家五大行占比近三成》，《第一财经日报》，6 月 20 日。

钱先航、曹廷求和李维安，2011：《晋升压力、官员任期与城市商业银行的贷款行为》，《经济研究》第 12 期，72-85。

饶品贵和姜国华，2011：《货币政策波动、银行信贷与会计稳健性》，《金融研究》第 3 期，51-71。

饶品贵和姜国华，2013：《货币政策对银行信贷与商业信用互动关系影响研究》，《经济研究》第 1 期，68-82。

盛松成和吴培新，2008：《中国货币政策的二元传导机制研究，两中介目标两调控对象模式研究》，《经济研究》第 10 期，37-51。

孙铮、刘凤委和李增泉，2005：《市场化程度、政府干预与企业债务期限结构——来自我国上市公司的经验证据》，《经济研究》第 5 期，52-63。

谭燕、陈艳艳、谭劲松和张育强，2011：《地方上市公司数量、经济影响力与过度投资》，《会计研究》第 4 期，43-51。

谭之博和赵岳，2012：《银行集中度、企业储蓄与经常账户失衡》，《经济研究》第 12 期，55-68。

唐国正和刘力，2005：《利率管制对我国上市公司资本结构的影响》，《管理世界》第 1 期，50-58。

王国松，2001：《中国的利率管制与利率市场化》，《经济研究》第 6 期，13-20。

王勋和 Anders Johansson，2013：《金融抑制与经济结构转型》，《经济研究》第 1 期，54-66。

王彦超，2013：《金融抑制与信贷资源二次配置》，《第二届宏观经济与微观企业行为研讨会论文集》，128-159。

辛宇和徐莉萍，2006：《公司治理机制与超额现金持有水平》，《管理世界》第 5 期，136-141 页。

徐礼敏、何文忠和王德发，2012：《金融发展能缩小中小企业融资中的政治差异吗？

基于正式和非正式制度的替代效应分析》，《会计与经济研究》第 1 期，68-77。

易纲，2009：《中国改革开放三十年的利率市场化进程》，《金融研究》第 1 期，1-14。

叶康涛和祝继高，2009：《银根紧缩与信贷资源配置》，《管理世界》第 1 期，22-28。

余明桂和潘红波，2008：《政治关系，制度环境与民营企业银行贷款》，《管理世界》第 8 期，9-21。

余明桂和潘红波，2010：《金融发展商业信用与产品市场竞争》，《管理世界》第 8 期，117-129。

袁淳，2010：《国有公司的信贷优惠:信贷干预还是隐性担保?——基于信用贷款的实证检验》，《会计研究》第 8 期，83-89。

周业安，1999：《金融抑制对中国企业融资能力影响的实证研究》，《经济研究》第 2 期，13-20。

Allen, F, J. Qian, M. J. Qian, 2005, "Law, Finance, and Economic Growth in China", *Journal of Financial Economics*, Vol. 77 (1), 57-116.

Beck,T., A. Demirguc-Kunt, and V. Maksimovic, 2004, "Bank Competition and Access to Finance: International Evidence", *Journal of Money, Credit, and Banking*, Vol. 36 (3), 627-648.

Booth, L., V. Aivazian, A. Demirguc-Kunt and V. Maksimovic, 2001, "Capital Structures in Developing Countries", *The Journal of Finance*, Vol. LVI, No.1, FEBRUARY, 87-130.

Brandt, L., and H. B. Li, 2003, "Bank Discrimination in Transition Economies: Ideology, Information, or Incentives? " *Journal of Comparative Economics*, Vol. 31, 387-413.

Chen, D. H., O. Z. Li, F. Xin and B. Y. Yeung, 2012, "Five-Year Plans, China Finance and Their Consequences", Working Paper, SSRN.

Dittmar, A., M. S. Jan, 2007, "Corporate Governance and the Value of Cash Holdings", *Journal of Financial Economics*, Vol. 83, 599-634.

Fehr, E. and G. Simon, 2000, "Fairness and Retaliation: The Economics of Reciprocity", *The Journal of Economic Perspectives*, Vol. 14 (3), 159-181.

Firth, M., L. Chen, P. Liu, S. M. L. Wong, 2009, "Inside the Black Box: Bank Credit Allocation in China's Private Sector", *Journal of Banking & Finance*, Vol. 33, 1144-1155.

Houston, J. F., L.L. Jiang, L. Chen, Y. Ma, 2012, "Political Connections and the Cost of Bank Loans". SSRN Working paper.

Huang, Y. P. and X. Wang, 2011, "Does Financial Repression Inhibit or Facilitate Economic Growth? A Case Study of Chinese Reform Experience", *Oxford Bulletin of*

*Economics and Statistics*, Vol. 73 (6), 833-855.

Jensen, M. C., 1986, "Agency Costs of Free Cash Flow, Corporate Finance, and Takeovers", *American Economic Review*, Vol. 76, 323-329.

Jian, M., and T. J. Wong, 2010, "Propping Through Related Party Transactions", *Review of Accounting Studies*, Vol. 15, 70-105.

Jiang, D. Q., S. K. Liang and D. H. Chen, 2009, "Government Regulation, Enforcement, and Economic Consequences in a Transition Economy: Empirical Evidence from Chinese Listed Companies Implementing the Split Share Structure Reform", *China Journal of Accounting Research*, Vol. 2(1), 71-99.

Lardy, N. R., 2008, "Financial Repression in China, Policy Brief", *Peterson Institute for International Economics*, Sept, 1-6.

Levine, R. and S. Zervos, 1998, "Stock Market, Banks, and Economic Growth", *American Economic Review*, Vol. 88, 537-558.

Lu, F. S. and Y. Yao, 2009, "The Effectiveness of Law, Financial Development, and Economic Growth in an Economy of Financial Repression: Evidence from China", *World Development*, Vol. 37, No. 4, 763-777.

Mayer, C., 1990, "Financial Systems, Corporate Finance and Economic Development", in R. Glenn Hubbard, ed.: Asymmetric Information, Corporate Finance and Investment, University of Chicago Press, Chicago, IL.

McKinnon, R., 1973, "Money and Capital in Economic Development". Washington: Brookings Institution.

Rajan, R. and L. Zingales, 1998, "Financial Dependence and Growth", *American Economic Review*, Vol. 88, 559-586.

Shleifer, A. and R. W. Vishny, 1994, "Politicians and Firms", *Quarterly Journal of Economics*, Vol. 109, 995-1025.

Tobit, J., 1958, "Estimation of Relationships for Limited Dependent Variables", *Journal of Econometric Society*, Vol. 26 (1), 24-36.

# Financial Repression and Firm Nominal Loans

Yongjian Shen   Wei Xu   Dequan Jiang   Donghua Chen

**Abstract:** There is financial repression characterized by interest rate regulation and high market access threshold in Chinese financial system. Under this circumstance, banks, agents of implementing macro monetary policies, may turn to invisible loan contracts in addition to visible ones in order to maximize their own interests. While carrying out the invisible contracts, banks retain part of the loan granted to the borrowers, creating discrepancies which are usually bearded by the borrowers between nominal and actual loans. It is suggested that the more stringent the monetary policy, the bigger the discrepancy, and that non-SOEs and firms with smaller regional contributions tend to bear larger divergence. Further studies point out that a company's financial performance and the market return of its stock will suffer if it has loans retained by its banker. This paper enriches the literature of firms' behavior responding to different macro policies, deepens the understandings of the relationship between banks and firms under financial repression, and provides further knowledge of the capital structures of Chinese firms.

**Key Words:** Financial Repression; Nominal Loans; Implicit Contract; Capital Structure; Retained Loans

**JEL Classification:** G32; L51; E52

# 所得税法—会计准则分离
# 与盈余管理的税负成本

叶康涛　刘　行[*]

**摘　要：**本文考察了由于会计准则变迁导致的所得税法与会计准则分离对盈余管理税负成本的影响。自 1995 年以来，我国会计准则逐步向国际会计准则趋同。但在趋同过程中，由于所得税法的变化幅度较小，导致所得税法—会计准则分离度逐渐扩大。基于 1995~2014 年的数据，我们发现上市公司利用这种会计—税收差异所提供的机会，有效规避了盈余管理的所得税成本，且这种行为主要集中在税收成本较高的高税率公司。进一步研究发现，四大审计和完善的外部制度环境，可以部分抑制上市公司利用会计准则变迁机会来规避盈余管理税负成本的动机。本文结论的政策意义在于，在向国际会计准则趋同过程中，我们需加强会计准则与所得税法之间的协调关系，以免会计准则变迁反而为上市公司提供了一种低税收成本的盈余管理方式。本文为理解我国会计准则国际趋同以及上市公司避税行为提供了有益启示。

**关键词：**会计准则变迁；盈余管理；税收规避；会计—税收差异

　　*叶康涛，教授，党委副书记，中国人民大学商学院；刘行，副教授，东北财经大学会计学院/中国内部控制研究中心；致谢：叶康涛感谢国家自然科学基金项目（批准号：71072145）的资助；刘行感谢国家自然科学基金项目（批准号：71402017）和辽宁省高等学校优秀人才支持计划（项目编号：WJQ2014035）的资助。

## 一、引　言

近年来，关于所得税法与会计准则趋同（或分离）的问题成为税收学界和会计学界关注的焦点之一（Hanlon and Heitzman, 2010）。由于安然等公司利用所得税法与会计准则之间的差异，在大幅向上操纵会计利润的同时并未支付相应的所得税成本，因此，一些政策制定者建议统一所得税法和会计准则对利润的认定标准，从而企业要为其虚增的每一分利润支付相应的所得税，以此来抑制这些企业的虚增盈余行为（Erickson, et al., 2004；Desai, 2005）。但 Hanlon et al.（2008）的研究也指出统一所得税法和会计准则对利润的认定标准，有可能降低会计盈余与股价的相关性。

本文实证考察所得税法与会计准则分离对盈余管理税负成本的影响。虽然一些学者和政策制定者声称所得税法和会计准则分离会降低企业盈余管理的税负成本（例如，Desai, 2005; Hanlon et al., 2005; Hanlon et al., 2008），但也有研究指出企业为了避免其盈余管理行为被税务部门和外部监督者（例如分析师和审计师）发现，宁愿为其盈余管理行为支付相应税负（Erickson, et al., 2004；Badertscher et al., 2009; Lennox et al., 2013）。因此，所得税法和会计准则分离是否以及在多大程度上降低了盈余管理的税负成本，有必要进行实证检验。然而，令人惊奇的是，虽然有关所得税法—会计准则分离对盈余管理税负成本影响的争论很多，但相关的实证分析却极为缺乏。原因之一很可能是企业实际报告的会计利润和应纳税所得额之间的差异往往是盈余管理之后的结果，从而常规的横截面回归分析不可避免地受到内生性问题的困扰。

本文利用中国多次会计准则变迁所创造的自然实验机会，考察了所得税法—会计准则分离对盈余管理所得税成本的影响。中国早期的所得税法与会计准则对企业利润的认定依据几乎一致（戴德明和周华，2002）。自 1998年以来，为了提高上市公司会计信息质量，中国政府逐步引入国际会计准则的有关理念，对中国的会计制度和会计准则进行了多次修改[1]。但由于在同期，中国的企业所得税法变化较小，这导致中国会计准则与所得税法逐步产生分离，会计准则与所得税法对企业利润的认定差异（下称"会计—税收差异"）[2]也呈现出较大的变化（Chan et al., 2010）。本文试图从会计准则与所得税法的协调角度出发，探讨会计—税收差异扩大所导致的经济后果之一：企业是否有可能利用这种差异，借机规避盈余管理的所得税成本？由于税负成本是企业盈余管理行为的重要决定因素（Shackelford and Shevlin, 2001），因此考察会计准则变迁对盈余管理税负成本的影响，将有助于我们更好地了解所得税法—会计准则分离对企业盈余管理行为的影响，也有助于我们判断会计准则国际趋同的经济后果。

采用中国上市公司1995~2014年的数据，按照会计准则的变迁，我们将样本分为四个区间：1995~1997年、1998~2000年、2001~2006年和2007~2014年。之后，我们比较了不同准则实施区间内企业盈余管理的所得税成本。结果显示，平均而言，在1995~1997年区间，上市公司每往上操纵一元利润，则应纳税所得税额将增加约0.843元，但在1998年发布《股份有限公司会计制度》，允许上市公司计提四项资产减值准备后，这一数额下降到0.626元；在2001年执行《企业会计制度》，将计提资产减值准备的范围扩大到八项资产之后，这个数值进一步下降到0.363元；2007年实施新《企业会计准则》之后，由于企业长期资产减值不予转回，这使得这一数值回升至0.542元。可见，随着会计准则的历次变迁，上市公司盈余管理的所得税成本经历了显著变化，且这种变化与所得税法—会计准则的分离程度是一致的。这说明企业确实在利用所得税法—会计准则的分离来规避盈余管理的税收成本。进一步研究表明，1998年以来企业盈余管理的所得税成本的下降主要集中在那些预期税收成本较高（表现为所得税率较高）的公司。最后，我们探讨了哪些机制可以抑制企业基于会计准则变迁来逃避盈余管理的税收成本的动机。研究发现，国际四大审计和完善的外部制度环境可以部分弱化上市公司的上述动机。

本文在如下几个方面对已有文献做出了贡献。首先，本文首次从盈余管理的税负成本角度，考察了会计准则变迁所带来的可能负面后果之一，即由

---

① 在本文，为表述方便，我们不对会计制度和会计准则这两个名词进行严格区分。

② 会计—税收差异（Book-tax differences）指会计利润与应纳税所得额之间的差异。

于会计—税收差异扩大而导致盈余管理的所得税成本发生变化。这一经济后果在以往文献中尚未得到足够重视。由于税负成本是企业盈余管理行为的重要影响因素（Shackelford and Shevlin, 2001），从而税负成本的变化将影响到企业的盈余管理动机和行为，因此本文的研究有助于我们更好地洞察会计准则国际趋同对企业盈余管理行为的影响。

其次，本文研究发现企业规避盈余管理税负成本的行为受到审计师和外部制度环境的影响，这深化了我们对企业避税行为影响因素的认识。

最后，本文结论为学术界当前有关会计准则与所得税法趋同（或分离）这一争论提供了有益启示。Desai（2005)认为，会计准则与所得税法的分离为管理层的机会主义行为创造了空间，它是导致公司盈余质量变差的重要原因之一。但 Hanlon（2005）、Hanlon et al.（2005, 2008）则认为，会计准则与所得税法一致性的增强会降低会计盈余的信息含量。本文研究为 Desai（2005）的观点提供了补充性证据，即会计准则与所得税法的逐步分离，会降低盈余管理的所得税成本，从而有可能在一定程度上刺激企业的盈余管理行为。

本文研究结论对会计准则制定者也有着重要的启示：为了提高会计信息质量，我国在会计制度和准则改革过程中大量借鉴了国际会计准则的有关理念。然而，本文研究却表明，在这一改革过程中，若忽视了会计准则与所得税法之间的政策协调，这一改革反而有可能通过降低盈余管理的所得税成本，刺激企业的盈余管理行为。戴德明等( 2005 )、王建新( 2007 )和张然等( 2007 )发现中国上市公司利用会计准则变迁所带来的资产减值计提和转回机会大肆进行盈余管理就是最好的例证。因此，为了更好发挥会计准则变迁对盈余质量的积极作用，抑制上市公司的盈余管理行为，在会计准则国际趋同的过程中，应协调好会计准则与所得税法之间的关系，以免会计准则改革反而为企业提供了一种低税负成本的盈余管理方式。

本文结论同样对税收征管当局有着重要的启示：为了避免企业利用会计准则变迁所提供的机会规避盈余管理的所得税成本，税收征管当局有必要通过调整所得税法、加强税收征管等方式，来避免税款流失。

本文剩余部分安排如下：第二部分是制度背景与研究假说；第三部分为研究设计；第四部分为本文的实证检验结果；第五部分进一步分析了税率和外部治理机制的影响；第六部分为结论。

## 二、制度背景与研究假说

（一）会计准则变迁与所得税法——会计准则分离

在中国，传统的会计制度很大程度上是为国家的财政预算和税收征管服务的，这导致会计制度与所得税法对企业利润的认定依据高度一致，会计准则和所得税法的遵循度较高，企业的会计利润和应纳税所得之间的分离程度较低（戴德明和周华，2002）。1992年11月，我国颁布了《企业会计准则》，这次改革引入了很多国际通行的会计惯例。如，将会计稳健性[①]作为一个重要的会计信息质量特征引入到我国的会计准则体系，允许企业对应收账款计提坏账准备。此外，在固定资产的折旧处理方面，要求企业采用年限平均法或工作量法。这些改革措施逐步加大了企业对于会计政策的自由选择权，初步实现了会计准则与所得税法的分离。然而，相比西方国家的会计准则，它还缺少很多重要的财务报告质量特征，和所得税法的分离度还是很低，企业的许多财务会计处理都和所得税法保持一致（Chan et al., 2010）。

为了进一步提升会计信息质量，在借鉴国际通行会计准则的基础上，1998年，我国出台了《股份有限公司会计制度》。这次会计改革扩大了股份有限公司在会计政策选择方面的自主权。如：企业可计提四项资产减值准备（短期投资跌价准备、存货跌价准备、长期投资减值准备和应收款项坏账准备）、开办费的摊销由不少于5年摊销改为不超过5年摊销（曲晓辉和邱月华，2007）。企业也可以更加自由地选择资产的折旧方法。如，固定资产的折旧方法可以采用平均年限法、工作量法、年数总和法、双倍余额递减法等。此外，该准则还去除了此前对于坏账准备计提方面的硬性条件。但由于同期我国所得税法对于企业利润认定的规定并未进行相应调整，会计制度方面所进行的这些改革使会计的功能和税法的功能进一步分离，会计利润和应纳税所得额之间的差异进一步扩大。

---

[①] 事实上，从税法的角度来讲，会计的稳健性原则是不可接受的。因为税法强调对利润的公平征税。而会计的稳健性原则要求会计人员更快地确认损失，更谨慎地确认收入，这将造成利润的低估。所以，在一定程度上，会计稳健性原则的采用促进了会计准则与税法的分离（Desai, 2005）。

2001 年开始实施的《企业会计制度》，在会计准则与所得税法分离的道路上又向前推进了一步。具体而言，《企业会计制度》进一步扩大了减值准备的计提范围，从原来的四项资产计提减值准备扩大到八项资产计提减值准备（短期投资跌价准备、坏账准备、存货跌价准备、长期投资减值准备、委托贷款减值准备、固定资产减值准备、在建工程减值准备、无形资产减值准备），且减值准备可以在以后年度转回，增加当期会计利润。这进一步扩大了管理层自由选择会计政策的权力，使得企业可以向投资者和税务征管部门分别报告差异较为悬殊的利润水平。

2007 年开始实施的《企业会计准则》（以下称《新会计准则》），基本实现了与国际会计准则的实质性趋同。然而，为了防止上市公司利用资产减值的转回操纵盈余，新会计准则规定企业的长期资产减值准备不得转回。考虑到所得税法对于企业的资产减值同样不予认定，因此这在一定程度上缩小了会计准则与所得税法的差异。此外，我国在 2008 年实行了所得税改革，新的所得税法在诸多事项方面协调了会计准则与所得税法的差异。例如，《新企业所得税法实施条例》第三十八条规定："企业实际发生的合理的职工工资薪金，准予在税前扣除"。因此，我们认为，相比 2001 年开始实施的《企业会计制度》，在 2007 年实施新会计准则后，所得税法与会计准则的分离程度有所减弱。

总之，相比 1993 年实行的《企业会计准则》，1998 年、2001 年和 2007 年的历次会计准则变迁都不同程度地改变了会计准则与所得税法的分离程度。然而，这种分离度将怎样影响盈余管理的所得税成本？现有文献还很少从这个角度进行考察。鉴于税负成本是企业盈余管理决策的重要影响因素（Shackelford and Shevlin, 2001），我们认为考察会计准则变迁对盈余管理税负成本的影响，将有助于我们更好地了解会计准则变迁和会计—税收差异对企业盈余管理行为和动机的影响。

（二）研究假说

当公司出于财务报告动机向上操纵会计利润时，往往需要为此支付相应的所得税成本。以往文献发现，盈余管理的税负成本会影响企业的盈余管理行为（例如：Scholes et al., 1992; Guenther, 1994; Maydew, 1997; 王跃堂等，2009）。

　　然而，随着会计准则与所得税法逐步分离，公司向上操纵会计利润并不一定需要支付相应的所得税成本。特别是，当公司通过非应税项目[①]操纵利润时，由于这些项目并不影响所得税费用，因此公司的税负成本并不会增加。比如，公司通过资产减值准备转回增加当期利润时，由于所得税法并不将资产减值准备转回视为应纳税所得额，从而这部分盈余管理行为并不需要支付所得税（Badertscher et al., 2009）。Desai（2005）发现，会计准则与所得税法的分离为经理人的机会主义行为提供了广泛的空间，成为导致美国公司盈余质量下降的重要原因之一。

　　在早期，我国的会计准则和所得税法遵循度较高，这使得企业的会计利润和应纳税所得额在核算原则上也较为接近。此时，企业若通过非应税项目操控利润，将导致企业的会计—税收差异扩大，较容易被外部监管部门发现。因此，在会计准则—所得税法遵循度较高的时期，较大的会计—税收差异很可能成为企业会计违规或税法违规的一种信号（Mills, 1998; Mills and Sansing, 2000; Lennox et al., 2013）。从而，此时企业在盈余管理过程中，宁愿支付相应的税负成本，以避免被外部监管部门发现，这导致企业盈余管理的所得税成本会较高。然而，随着会计准则与所得税法的逐步分离，企业的会计利润和应纳税所得额之间的相关性也随之降低。此时，外部监管部门难以根据会计—税收差异来判断企业是否会计违规或税法违规（Chan et al., 2010）。从而，企业通过非应税项目来操控会计利润，将较难被外部监管部门所察觉。这无疑将导致企业更有可能采用非应税项目进行会计利润操控，降低了盈余管理的税负成本。此外，会计准则—所得税法分离度的扩大，客观上也增加了企业盈余操控的空间。此时企业可以在不增加税负成本的前提下，通过选择非应税项目操控来达到调节会计利润的目的。

　　前文分析表明，相比 1995~1997，我国 1998 年、2001 年和 2007 年的会计准则变迁都不同程度地扩大了所得税法与会计准则的分离程度。Chan et al.（2010）基于 1996~2003 年上市公司的实证检验就发现，1998 年和 2001 年两次会计准则变更，都增大了所得税法—会计准则的分离度。不过，他们没有考察 2007 年会计准则的实施，也没有考察盈余管理的税收成本。

　　综合来看，基于上述分析，我们有如下研究假说：

　　H1：相比 1995~1997 年，我国在 1998 年、2001 年和 2007 年实施的会

---

[①] 非应税项目是指那些影响会计利润但不影响应纳税所得额的科目，例如资产减值的计提与转回。

计准则改革，将降低上市公司盈余管理的所得税成本。

此外，在具体的实证检验中，我们还将分别比较 1998、2001 和 2007 年这三项会计准则的实施对上市公司盈余管理所得税成本的影响程度是否存在差异。

## 三、研究设计

（一）实证模型

借鉴 Dyreng（2009）的做法，我们采用如下模型考察会计准则变迁对盈余管理税负成本的影响：

$$
\begin{aligned}
TI ={} & \beta_0 + \beta_1 DA + \beta_2 Y98 + \beta_3 Y01 + \beta_4 Y07 + \beta_5 Y98 \times DA + \beta_6 Y01 \times DA \\
& + \beta_7 Y07 \times DA + \beta_8 NROA + \beta_9 Y98 \times NROA + \beta_{10} Y01 \times NROA \\
& + \beta_{11} Y07 \times NROA + \beta_{12} SIZE + \beta_{13} LEV + \beta_{14} MB + \beta_{15} PPE \\
& + \beta_{16} INVENT + \beta_{17} INTANG + \beta_{18} ROI + \beta_{19} NOL + \sum YEAR \\
& + \sum INDUSTRY + \varepsilon_{i,t}
\end{aligned}
$$

$$（1）$$

（二）变量定义

$TI$ 为企业的应纳税所得额。$TI$=企业当期所得税费用/所得税率，我们采用公司上期期末总资产对 $TI$ 进行了标准化处理。

$DA$ 为操控性应计利润，采用分行业分年度横截面回归修正的 Jones（1991）模型估算得到（Dechow et al., 1995）[①]：

$$
\begin{aligned}
TA_{i,t} / A_{i,t-1} ={} & \delta_0 1 / A_{i,t-1} + \delta_1 (\Delta REV_{i,t} - \Delta AR_{i,t}) / A_{i,t-1} + \delta_2 PPE_{i,t} / A_{i,t-1} \\
& + \delta_3 NI_{i,t} / A_{i,t-1} + \varepsilon_{i,t}
\end{aligned}
$$

$$（2）$$

$TA$ 为总应计利润，因为本文的部分样本处于 1998 年之前，因此我们采用资产负债表法计算企业的总应计利润。借鉴陈小悦等（2000），总应计利润=（流动资产增加额-货币资金增加额-短期投资增加额-一年内到期的长期债券投资增加额）-（流动负债增加额-短期借款增加额-未付股利增加额-一年

---

① 在模型回归时，我们删除了净资产小于 0 的样本。此外，为了使模型有较好的拟合效果，我们要求分年度、分行业回归的观测值大于 8。

内到期的长期负债增加额）-固定资产折旧额-无形资产递延资产及其他资产摊销额-固定资产净盘亏额-清理固定资产净损失-递延税款贷项-财务费用+投资收益。$A_{i,t-1}$ 为 $i$ 企业 $t$-1 期期末总资产；$\Delta REV_{i,t}$ 为 $i$ 企业 $t$ 期主营业务收入与 $t$-1 期主营业务收入之差；$\Delta AR_{i,t}$ 为 $i$ 企业 $t$ 期期末应收账款与 $t$-1 期期末应收账款之差；$PPE_{i,t}$ 为 $i$ 企业 $t$ 期期末固定资产价值。模型（2）的拟合值即为企业非操控性应计利润（$NDA_{i,t}$）。而本文的盈余管理变量 $DA$ 即为总应计利润与非操控性应计利润的差额：

$$DA_{i,t} = TA_{i,t} / A_{i,t-1} - NDA_{i,t} \tag{3}$$

为了考察 1998、2001 和 2007 年三次会计准则变革对盈余管理所得税成本的影响，我们引入了三个虚拟变量：$Y98$、$Y01$ 和 $Y07$。当年度区间为 1998~2000 年时，$Y98$ 取 1，否则为 0；当年度区间为 2001~2006 年时，$Y01$ 取 1，否则为 0；当年度区间为 2007~2014 年时，$Y07$ 取 1，否则为 0。

在模型（1）中，$\beta_1$ 反映了上市公司盈余管理和应纳税所得额之间的相关性。我们预测 $\beta_1$ 显著为正，即上市公司的盈余管理行为会导致其应纳税所得额的增加。$\beta_5$、$\beta_6$ 和 $\beta_7$ 则用来检验会计准则变迁对上市公司盈余管理所得税成本的影响。我们预测 $\beta_5$、$\beta_6$ 和 $\beta_7$ 均显著为负，即相比 1995~1997 年，以后年度的三次会计准则变更都会降低上市公司盈余管理的所得税成本。

借鉴 Dyreng（2009）和 Chen et al.（2010）的研究，本文设置了如下控制变量：$NROA$ 为企业正常的盈余，等于企业年末净利润除以上期期末总资产，再减去 $DA$。由于企业正常盈余的增长也会带来所得税成本的上升，所以我们预期 $NROA$ 的系数显著为正（Dyreng，2009）；此外，随着会计准则的变迁，企业对于正常经营活动（而非盈余管理行为）的会计处理在会计准则和税法之间也会存在系统性差异。为此，我们也控制了 $NROA$ 对应纳税所得的影响程度在不同会计准则下的差异，$SIZE$ 为企业规模，等于企业年末总资产的自然对数。Zimmerman（1983）认为，大公司面临着更高的政治成本，会较多受到社会公众和政府的关注，从而大公司更不可能参与避税活动，这导致其所得税成本会较高（Chen et al., 2010; Lisowsky, 2010），从而我们预期 $SIZE$ 的系数符号为正。$LEV$ 为企业资产负债率，等于企业年末总负债除以年末总资产。因为利息具有抵税作用（王跃堂等，2010），所以负债率越高的企业，其所得税负会比较低。因此，我们预期 $LEV$ 的系数符号为负（Chen et al., 2010; Frank et al., 2009; Lisowsky, 2010）；$MB$ 为企业的成长性，等于企业年末的市场价值除以账面价值。成长性越高的企业，可能会大量投资于享受税收优惠的项目，这将导致 *MB* 的系数显著为负（Chen et al., 2010）。
*PPE* 刻画企业资本密集度，等于企业期末固定资产占上期期末总资产的比重。
Mills 和 Newberry（2001）认为，公司的资本密集度越高，将有更多的空间
采用不同的固定资产折旧方法等，从而，这类公司更可能有较低的所得税成
本。所以，我们预期 *PPE* 系数显著为负。*INVENT* 表示企业的存货密集度，
等于期末存货净额除以上期期末总资产。*INTANG* 表示企业无形资产所占比
重，等于期末无形资产除以上期期末总资产（Chen et al., 2010）。*ROI* 表示
投资收益占上期期末总资产的比重。因为投资收益中的国债利息、从合营企
业和联营企业中取得的分红收入都可以部分免税，因此我们预期 *ROI* 显著为
负。*NOL*，表示企业以前年度是否存在亏损。具体而言，我国税法可以让企
业追溯五年前的亏损用于递减当前的应纳税所得。为此，我们对 *NOL* 的定
义如下：如果企业过去五年累积的税前利润为负，则 *NOL* 取值为1，否则为
0。我们最后加入了年度（*YEAR*）和行业虚拟变量（*INDUSTRY*）以控制年
度与行业的影响。

（三）样本选择

本文的样本区间为1995~2014年。1994年，我国进行了"分税制"改革，
将企业所得税的基准税率确定为33%。这次税制改革是建国以来最大的一次
税制改革，它使得我国的税收征管环境发生了巨大变化（吕冰洋和郭庆旺，
2011；湛忠灿，2008；Wang et al., 2009）。"分税制"改革也奠定了我国现
代财税制度的基础。因此，我们将样本区间确定为 1995～2014 年。上市公
司名义所得税率数据来源于 WIND 数据库，其他数据来源于国泰安数据库。
本文剔除了金融行业和数据缺失的样本，此外，我们还剔除了当期所得税费
用小于0的样本。因为当企业的所得税费用小于0时，意味着企业当年不需
要交纳所得税，从而这些企业在进行盈余管理时，不会关注所得税成本[①]。
经过上述筛选程序，我们最后共得到涉及 2533 家样本公司的 22710 个观测
值。

---

① 未报告的结果显示，如果不删除这些观测量，并不改变本文的研究结论。

# 四、基本的实证检验结果

（一）描述性统计

表1列示了变量的描述性统计结果。为了剔除异常值的影响，我们对模型中的连续变量在1%的水平上进行了缩尾处理。结果显示，*TI*的平均值为0.07，这说明平均而言，我国上市公司应纳税所得额相当于总资产的7%。*NROA*的均值为0.037，表明在剔除操控性应计利润之后，我国上市公司的资产利润率平均约为3.7%。其他变量的描述性统计结果与企业现实较为接近，就不再一一赘述。

**表 1　描述性统计结果**

| 变量名称 | 观测值 | 平均值 | 中位数 | 标准差 | P25 | P75 |
| --- | --- | --- | --- | --- | --- | --- |
| TI | 22,710 | 0.070 | 0.050 | 0.074 | 0.020 | 0.095 |
| DA | 22,710 | 0.011 | 0.009 | 0.120 | -0.051 | 0.069 |
| NROA | 22,710 | 0.037 | 0.035 | 0.125 | -0.029 | 0.099 |
| Y98 | 22,710 | 0.083 | 0.000 | 0.275 | 0.000 | 0.000 |
| Y01 | 22,710 | 0.261 | 0.000 | 0.439 | 0.000 | 1.000 |
| Y07 | 22,710 | 0.618 | 1.000 | 0.486 | 0.000 | 1.000 |
| SIZE | 22,710 | 21.544 | 21.381 | 1.252 | 20.717 | 22.192 |
| LEV | 22,710 | 0.563 | 0.530 | 0.325 | 0.350 | 0.714 |
| MB | 22,710 | 3.560 | 2.687 | 3.118 | 1.739 | 4.312 |
| PPE | 22,710 | 0.299 | 0.260 | 0.205 | 0.143 | 0.422 |
| INVENT | 22,710 | 0.165 | 0.128 | 0.150 | 0.065 | 0.213 |
| INTANG | 22,710 | 0.049 | 0.030 | 0.062 | 0.010 | 0.062 |
| ROI | 22,710 | 0.008 | 0.001 | 0.019 | 0.000 | 0.008 |
| NOL | 22,710 | 0.105 | 0.000 | 0.306 | 0.000 | 0.000 |

（二）多元回归分析

为了更直观展现不同期间盈余管理与应纳税所得额之间的关系，我们首先采取了分阶段回归，相应的回归结果列示在表2。表2显示，从全样本回归结果来看，*DA*和*NROA*的回归系数分别为0.517和0.548。这表明在样本期间内，上市公司每增加一元正常会计利润，应纳税所得额将增加0.548元，而每增加一元操控性应计利润，应纳税所得额将增加0.517元，即上市公司总体上为盈余管理支付的所得税费用要低于正常利润支付的所得税费用。换言之，上市公司会通过非应税项目进行盈余管理，从而部分规避盈余管理的税收成本。

我们更感兴趣的是不同会计准则期间盈余管理的税收成本。分阶段的回归结果显示，在 1995~1997 期间，DA 的回归系数为 0.838，表明在该阶段每往上操纵一元钱的会计应计利润，应纳税所得额将增加 0.822 元；在 1998~2000 期间，即引入四项资产减值准备之后，DA 的回归系数下降至 0.638；在 2001~2006 期间，即引入八项资产减值准备之后，DA 系数进一步下降至 0.360；2007 年实施的新会计准则不允许长期资产减值准备予以转回，这从一定程度上削弱了上市公司通过非应税项目进行盈余操纵的空间与能力。从回归结果来看，DA 系数上升至 0.534，这印证了我们的预期。总之，随着会计准则的历次变迁，上市公司盈余管理的所得税成本与 1995~1997 期间相比，分别经历了从 22%~56%幅度不等的下降，这支持了本文的研究假设。

### 表 2　分阶段的回归结果

|  | (1) | (2) | (3) | (4) | (5) |
|---|---|---|---|---|---|
|  | 全样本 | 1995—1997 | 1998—2000 | 2001—2006 | 2007—2014 |
| DA | 0.517*** | 0.838*** | 0.638*** | 0.360*** | 0.534*** |
|  | (13.94) | (17.31) | (5.85) | (14.44) | (11.37) |
| NROA | 0.548*** | 0.856*** | 0.660*** | 0.399*** | 0.564*** |
|  | (15.60) | (24.45) | (7.60) | (15.35) | (12.85) |
| SIZE | 0.000 | -0.001 | -0.004*** | 0.001 | 0.001 |
|  | (0.39) | (-0.47) | (-2.63) | (0.48) | (1.22) |
| LEV | 0.012*** | 0.010 | 0.001 | 0.010** | 0.013*** |
|  | (4.08) | (0.60) | (0.12) | (2.04) | (3.82) |
| MB | 0.002*** | 0.003*** | 0.000 | 0.001 | 0.002*** |
|  | (4.97) | (8.52) | (0.29) | (1.18) | (5.04) |
| PPE | -0.012** | 0.003 | 0.015 | 0.000 | -0.020*** |
|  | (-2.22) | (0.38) | (0.81) | (0.03) | (-2.99) |
| INVENT | -0.005 | -0.025* | -0.009 | 0.025*** | -0.009 |
|  | (-0.61) | (-1.70) | (-0.79) | (3.89) | (-0.94) |
| INTANG | 0.039*** | -0.007 | -0.025 | -0.028** | 0.064*** |
|  | (2.83) | (-0.42) | (-1.01) | (-2.13) | (4.63) |
| ROI | -0.274*** | -0.422*** | -0.460*** | -0.404*** | -0.184** |
|  | (-4.27) | (-2.91) | (-3.19) | (-6.36) | (-2.32) |
| NOL | -0.019*** | - | -0.017** | -0.014*** | -0.022*** |
|  | (-6.19) | - | (-2.55) | (-6.14) | (-5.39) |
| CONSTANT | 0.000 | 0.055 | 0.126*** | -0.002 | 0.007 |
|  | (0.02) | (1.07) | (2.64) | (-0.04) | (0.33) |
| YEAR | YES | YES | YES | YES | YES |
| INDUSTRY | YES | YES | YES | YES | YES |
| N | 22,710 | 878 | 1,874 | 5,926 | 14,032 |
| R2 | 0.441 | 0.644 | 0.431 | 0.351 | 0.461 |

注：***、**和*表示系数在 1%、5%和 10%水平显著；括号内为 t 值；回归系数的标准误在公司和年度层面进行了 Cluster 调整；在第（2）栏，NOL 没有回归结果，这源于在这一区间，我们的样本中没有亏损公司。

由于分阶段回归的 DA 系数之间可能不具有统计差异，为此我们进一步通过引入交互变量，考察不同期间 DA 的系数是否存在显著差异。相应的回归结果列示在表 3。表 3 的结果显示，Y98*DA、Y01*DA 和 Y07*DA 这三个交互变量的回归系数均在 5%或以下的置信水平显著为负。这表明，相比 1995~1997 年，在 1998 年、2001 年和 2007 年进行的会计准则变迁都显著降低了上市公司盈余管理的所得税成本。本文的研究假说得到了验证。

我们进一步对比了这三个变量的回归系数，Y98*DA 的回归系数为-0.217，与基期（即 1995~1999 年）相比，每一元操控性应计利润所带来的应纳税所得额减少了 0.217 元，下降幅度为 26%。Y01*DA 和 Y07*DA 的回归系数分别为-0.480 和-0.301，与基期相比的下降幅度分别为 57%和 36%。F 检验的结果发现，Y98*DA 与 Y01*DA 的回归系数的差异在 1%的置信水平显著（F 值=7.98）；此外，Y01*DA 与 Y07*DA 的回归系数的差异也在 1%的置信水平显著（F 值=18.45）。

综合来看，表 2 和表 3 的回归结果表明，会计准则变迁所导致的所得税法与会计准则的分离，确实为企业通过非应税项目进行盈余操纵，从而规避盈余管理的税收成本提供了机会，表现为上市公司盈余管理所得税成本的显著下降。

### 表 3　交互回归模型结果

| | 回归系数 | t值 |
| --- | --- | --- |
| DA | 0.843*** | (22.04) |
| Y98 | 0.025*** | (3.74) |
| Y01 | 0.020*** | (9.60) |
| Y07 | 0.039*** | (15.89) |
| Y98*DA | -0.217** | (-2.19) |
| Y01*DA | -0.480*** | (-10.65) |
| Y07*DA | -0.301*** | (-5.51) |
| NROA | 0.872*** | (30.63) |
| Y98*NROA | -0.218** | (-2.56) |
| Y01*NROA | -0.469*** | (-13.14) |
| Y07*NROA | -0.300*** | (-6.33) |
| SIZE | 0.001 | (0.74) |
| LEV | 0.011*** | (3.69) |
| MB | 0.002*** | (4.95) |
| PPE | -0.010* | (-1.88) |

续表

| | 回归系数 | t值 |
|---|---|---|
| INVENT | -0.002 | (-0.23) |
| INTANG | 0.035** | (2.39) |
| ROI | -0.268*** | (-4.45) |
| NOL | -0.020*** | (-6.69) |
| CONSTANT | -0.023 | (-1.34) |
| YEAR | YES | YES |
| INDUSTRY | YES | YES |
| N | 22,710 | |
| R2 | 0.451 | |

注：***、**和*表示系数在 1%、5%和 10%水平显著；括号内为 t 值；回归系数的标准误在公司和年度层面进行了 Cluster 调整。

（三）稳健性测试

为了保持回归结果的稳健，我们执行了如下几项稳健性测试：

1. 改变盈余管理的度量方法

借鉴 Kothari et al.（2005）的方法，我们在计算企业的盈余管理时考虑了业绩的影响，即采用了业绩匹配的 Dechow et al.（1995）模型计算企业的盈余管理。未报告的结果显示，在采用新的盈余管理指标对模型重新进行回归后，本文的结论没有任何实质性变化。

2. 剔除所得税改革的影响

我国在 2008 年进行了所得税改革，因为本文的样本包括了所得税改革后的时间区间。因此，本文的结论可能会受到所得税改革的影响。为了排除所得税改革的影响，我们将样本期间限定为 1995~2007 年，并对模型重新进行了回归。未报告的结果显示，本文的结论没有任何实质性变化。

# 五、进一步分析

（一）税率的影响

我们首先分析了税率对本文结论的影响。叶康涛（2006）发现，高税率的公司存在更强的通过非应税项目进行盈余管理的动机。因此，我们预期，会计准则变迁对企业盈余管理税收成本的影响，应该也会主要集中在税率较高的公司。这一分析不仅可以拓展我们的结论，也可以将本文的研究与之前

的研究连接起来。为了考察税率的影响，我们构建了一个新的变量
*HIGH_RATE*，用于衡量企业税率的高低。因为我国在2008年进行了所得税
改革，将企业的基准所得税率由33%调整为25%。因此，将所有样本区间统
一处理可能会产生偏差。为此，我们对*HIGH_RATE*的赋值在所得税改革前
后予以了区分。具体而言，当企业位于1995~2007年且企业的名义所得税率
等于33%时，*HIGH_RATE*取1，否则为0。当企业位于2008~2014年且企业
的名义所得税率等于25%时，*HIGH_RATE*取1，否则为0。

　　税率影响的回归结果列示在表4。表4的结果显示，*HIGH_RATE*Y98*DA*、
*HIGH_RATE*Y01*DA*和*HIGH_RATE*Y07*DA*的回归系数均在1%的置信水
平显著为负。这印证了我们的预期，会计准则变迁对企业盈余管理税收成本
的影响，主要集中在高税率的公司。这源于这些企业的税收成本更高，从而
更有可能通过会计准则变迁所带来的所得税法与会计准则的不一致，规避盈
余管理的税收成本。

### 表4　税率的影响

| | 回归系数 | t值 |
|---|---|---|
| DA | 0.818*** | (24.81) |
| Y98 | 0.020*** | (4.70) |
| Y01 | 0.024*** | (11.05) |
| Y07 | 0.038*** | (10.29) |
| Y98*DA | -0.121** | (-1.99) |
| Y01*DA | -0.441*** | (-10.33) |
| Y07*DA | -0.159** | (-2.41) |
| HIGH_RATE | -0.029*** | (-3.15) |
| HIGH_RATE*DA | 0.459*** | (5.10) |
| HIGH_RATE*Y98 | 0.030*** | (3.26) |
| HIGH_RATE*Y01 | 0.018* | (1.88) |
| HIGH_RATE*Y07 | 0.025** | (2.54) |
| HIGH_RATE*Y98*DA | -0.936*** | (-8.02) |
| HIGH_RATE*Y01*DA | -0.501*** | (-5.01) |
| HIGH_RATE*Y07*DA | -0.681*** | (-6.55) |
| 其他控制变量 | YES | YES |
| N | 22,710 | |
| R2 | 0.470 | |

　　注：***、**和*表示系数在1%、5%和10%水平显著；括号内为t值；回归系数的标
准误在公司和年度层面进行了Cluster调整。

### （二）治理机制的调节效应

　　我们进一步分析了治理机制的调节效应。具体而言，前文的结论表明，
企业会通过会计准则变迁所导致的所得税法与会计准则差异的扩大，规避盈

余管理的税收成本。那么，是否会存在一些治理机制，他们会抑制或缓解企业的这一行为。

在本文的研究中，我们选取了两种治理机制：审计师和外部制度环境。这两类治理机制的选择并非随意的。本文的样本期间从 1995 年开始，这使得我们可以选取的治理机制指标非常有限。这源于许多公司治理的相关指标（例如：董事会的相关资料、股权结构的相关资料、高管激励的相关资料）都是从 1999 年或更晚的时间才开始披露，所以这些指标都无法纳入本文的分析。基于此，我们只是选择了审计师特征和外部制度环境这两个可以获取到数据的变量作为研究的切入点。事实上，现有的基于中国的相关研究发现，这两类治理机制可以发挥较好的监督作用，从而规范企业行为（Wang et al., 2008; Chen et al., 2011）。

为了研究治理机制的影响，我们构建了一个新的变量 GM。当企业拥有较好的治理机制时，GM 取 1，否则为 0。具体而言，按照治理机制的不同，GM 的定义也有所不同。当治理机制为外部审计师时，如果企业聘请的外部审计师为国际四大，GM 取 1，否则为 0；对于外部制度环境，我们采用樊纲等（2010）的市场化进程指数进行度量。当企业所在地区的市场化进程指数位于当年样本的 75% 分位数以上时，GM 取 1，否则为 0[①]。

表 5　治理机制的调节效应

| | 四大审计 | | 外部制度环境 | |
| --- | --- | --- | --- | --- |
| | 回归系数 | t值 | 回归系数 | t值 |
| DA | 0.838*** | (22.81) | 0.926*** | (25.18) |
| Y98 | 0.026*** | (3.73) | 0.023*** | (3.93) |
| Y01 | 0.019*** | (7.06) | 0.023*** | (10.60) |
| Y07 | 0.039*** | (13.56) | 0.042*** | (16.83) |
| Y98*DA | -0.223** | (-2.25) | -0.184** | (-2.18) |
| Y01*DA | -0.504*** | (-11.28) | -0.553*** | (-12.38) |
| Y07*DA | -0.305*** | (-5.74) | -0.404*** | (-7.56) |
| GM | -0.002 | (-0.25) | 0.013*** | (4.31) |
| GM*DA | 0.016 | (0.29) | -0.368*** | (-3.47) |
| GM*Y98 | -0.009 | (-1.33) | -0.004 | (-1.04) |
| GM*Y01 | 0.002 | (0.21) | -0.010** | (-2.19) |
| GM*Y07 | -0.020*** | (-2.79) | -0.018*** | (-4.36) |
| GM*Y98*DA | 0.043 | (0.72) | -0.008 | (-0.07) |
| GM*Y01*DA | 0.286*** | (3.17) | 0.303** | (2.38) |
| GM*Y07*DA | 0.285*** | (3.54) | 0.512*** | (4.31) |
| 其他控制变量 | YES | YES | YES | YES |

---

① 樊纲等（2010）只披露了各地区 1999~2009 年的市场化进程指数，而本文的样本期间为 1995~2014。为此，我们采用 1999 年的数据衡量 1995~1998 年的各地区市场化进程，采用 2009 年的数据衡量 2010~2014 年的各地区市场化进程。

续表

| | 四大审计 | | 外部制度环境 |
|---|---|---|---|
| | 回归系数 | t值 | |
| N | 22,710 | | 22,710 |
| R2 | 0.457 | | 0.457 |

注：***、**和*表示系数在1%、5%和10%水平显著；括号内为t值；回归系数的标准误在公司和年度层面进行了Cluster调整。

治理机制调节效应的结果列示在表5。表5的结果显示，当治理机制为国际四大审计时，$GM*Y01*DA$ 和 $GM*Y07*DA$ 的回归系数均在1%的置信水平显著为正，$GM*Y98*DA$ 的回归系数虽然为正，但是并不显著。这说明四大审计可以有效抑制上市公司在2001~2006和2007~2014这两个会计准则执行区间内，企业通过非应税项目进行盈余操纵的动机，但是无法有效抑制上市公司在1998~2000这一会计准则执行区间内，企业通过非应税项目进行盈余操纵的动机。这或许源于在1998~2000这一时间段，我国资本市场还不太成熟，审计师的审计风险也较小，因此审计师发挥的作用非常有限（DeFond et al., 2000; 刘峰和周福源，2007）。当治理机制为外部制度环境时，$GM*Y01*DA$ 和 $GM*Y07*DA$ 的回归系数同样显著为正，而 $GM*Y98*DA$ 的回归系数不显著。

综合来看，四大审计和完善的外部制度环境可以有效抑制上市公司利用会计准则变迁的机会规避盈余管理税负成本的动机。但是，这些治理机制并非在任何时间段都能发挥作用。他们在资本市场还不太完善的时期难以发挥有效的作用。

## 七、研究结论

由于会计—税收差异影响盈余管理的所得税成本，如果在会计准则变革的同时并未对所得税法进行相应调整，会计准则变革显然会影响到会计—税收差异，进而影响盈余管理的所得税成本。然而，目前极少有文献关注会计准则变迁对盈余管理所得税成本的影响。本文采用我国上市公司1995~2014年的数据，发现随着会计准则的不断变迁，我国上市公司盈余管理的所得税成本呈现下降趋势。相比1995~1997年，在1998年、2001年和2007年进行的会计准则改革都不同程度地降低了盈余管理的所得税成本。进一步研究发现，上述结论主要存在于税率较高的上市公司。最后，当企业的外部审计师为国际四大或企业所在地区的制度环境较完善时，上市公司更不太可能利用会计准则变迁的机会来规避盈余管理的所得税成本。由于所得税成本是企业进行盈余管理时的重要考虑因素（Shackelford and Shevlin, 2001），因此，本文的研究有助于我们更全面认识会计准则变迁对盈余管理行为和动机的影响。

本文结论也有助于我们更好认识会计准则和所得税法相分离的经济后果。本文分析表明，所得税法—会计准则分离会导致企业盈余管理所得税成本的降低，从而客观上有可能刺激企业的盈余管理行为。

本文的结论对政策制定者也有一定启示：为了提高上市公司的会计信息质量，我国会计准则逐步向国际会计准则趋同。然而，在该过程中，由于并未考虑到会计准则与所得税法的协调问题，我国的会计准则改革降低了会计准则与所得税法的遵循度，这为上市公司通过非应税项目操纵盈余带来了空间，降低了上市公司盈余管理的所得税成本。因此，在向国际会计准则趋同的过程中，我们应考虑到其可能带来的负面经济后果，并在所得税法方面做出相应调整。

## 参考文献

陈小悦、肖星和过晓艳，2000：《配股权与上市公司利润操纵》，《经济研究》第 1 期，30-36 页。

戴德明、毛新述和邓璠，2005：《中国亏损上市公司资产减值准备计提行为研究》，《财经研究》第 7 期，71-82 页。

戴德明和周华，2002：《会计制度与税收法规的协作》，《经济研究》第 3 期，44-52 页。

樊纲、王小鲁和朱恒鹏，2010：《中国市场化指数——各地区市场化相对进程 2009 年度报告》，经济科学出版社 2010 年 1 月第 1 版。

刘峰和周福源，2007：《国际四大意味着高审计质量吗——基于会计稳健性角度的检验》，《会计研究》第 3 期，79-87 页。

吕冰洋和郭庆旺，2011：《中国税收高速增长的源泉：税收能力和税收努力框架下的解释》，《中国社会科学》第 2 期，76-90 页。

曲晓辉和邱月华，2007：《强制性制度变迁与盈余稳健性》，《会计研究》第 7 期，20-28 页。

王建新，2007：《长期资产减值转回研究》，《管理世界》第 3 期，42-50 页。

王跃堂、王亮亮和贡彩萍，2009：《所得税改革、盈余管理及其经济后果》，《经济研究》第 3 期，86-98 页。

王跃堂、王亮亮和彭洋，2010：《产权性质、债务税盾与资本结构》，《经济研究》第 9 期，122-136 页。

叶康涛，2006：《盈余管理与所得税支付——基于会计利润与应税所得之间差异的研究》，《中国会计评论》第 4 卷第 2 期，205-223 页。

湛忠灿，2008：《改革开放三十年我国税收体制及税负变化》，《经济体制改革》第 4 期，8-11 页。

张然、陆正飞和叶康涛，2007：《会计准则变迁与长期资产减值》，《管理世界》第 8 期，77-84 页。

Badertscher, B., J. Phillips, M. Pincus and S. Rego, 2009, "Earnings management strategies: to conform or not to conform", *The Accounting Review*, 84(1), pp. 63–98.

Chan, K. H., K. Z. Lin and P. L. L. Mo, 2010, "Will a departure from tax-based accounting encourage tax noncompliance? Archival evidence from a transition economy", *Journal of Accounting and Economics*, 50(1), pp. 58–73.

Chen, H., J. Z. Chen, G. J. Lobo and Y. Wang, 2011, "Effects of audit quality on earnings management and cost of equity capital: Evidence from China", *Contemporary Accounting Research*, 28(3), pp. 892–925.

Chen, S., X. Chen, Q. Cheng and T. Shevlin, 2010, "Are family firms more tax aggressive than non-family firms?", *Journal of Financial Economics*, 95(1), pp. 41–61.

Dechow, P., R. Sloan and A. Sweeney, 1995, "Detecting earnings management", *The Accounting Review*, 70(2), pp. 193–225.

DeFond, M. L., T. J. Wong and S. Li, 2000, "The impact of improved auditor independence on audit market concentration in China", *Journal of Accounting and Economics*, 28(3), pp. 269–305.

Desai, M., 2005, "The Degradation of Reported Corporate Profits", *Journal of Economic Perspectives*, 19(4), pp. 171–192.

Dyreng, S. D., 2009, "The cost of private debt covenant violation", Working Paper.

Erickson, M., M. Hanlon and E. L. Maydew, 2004, "How much will firms pay for earnings that do not exist? Evidence of taxes paid on allegedly fraudulent earnings". *The Accounting Review*, 79(2), pp. 387–409.

Frank, M., L. Lynch and S. Rego, 2009, "Tax reporting aggressiveness and its relation to aggressive financial reporting", *The Accounting Review*, 84(2), pp. 467–496.

Guenther, D. A., 1994, "Earnings Management in Response to Corporate Tax Rate Changes: Evidence from the 1986 Tax Reform Act", *The Accounting Review*, 69(1), pp. 230–243.

Hanlon, M., E. Maydew and T. Shevlin, 2008, "An unintended consequence of book-tax conformity: A loss of earnings informativeness", *Journal of Accounting and Economics*, 46(2-3), pp. 294–311.

Hanlon, M., 2005, "The persistence and pricing of earnings, accruals, and cash flows when firms have large book-tax differences", *The Accounting Review*, 80(1), pp. 137–166.

Hanlon, M. and S. Heitzman, 2010, "A review of tax research", *Journal of Accounting and Economics*, 50(2-3), pp. 127–178.

Hanlon. M., S. Laplante and T. Shevlin, 2005, "Evidence on the possible information loss of conforming book income and taxable income", *Journal of Law and Economics*, 48(2), pp. 407–442.

Jones, J., 1991, "Earnings management during import relief investigations", *Journal of Accounting Research*, 29(2), pp. 193–228.

Kothari, S., A. Leone and C. Wasley, 2005, "Performance matched discretionary accrual measures", *Journal of Accounting and Economics*, 39(2), pp. 163–197.

Lennox, C., P. Lisowsky and J. Pittman, 2013, "Tax aggressiveness and accounting fraud", *Journal of Accounting Research*, 51(4), pp. 739–778.

Lisowsky, P., 2010, "Seeking shelter: Empirically modeling tax shelters using financial statement information", *The Accounting Review*, 85(5), pp. 1693–1720.

Maydew, E. L., 1997, "Tax-induced earnings management by firms with net operating losses", *Journal of Accounting Research*, 35(1), pp. 83–96.

Mills, L. F., 1998, "Book-tax differences and internal revenue service adjustments", *Journal of Accounting Research*, 36(2), pp. 343–356.

Mills, L. F. and K. J. Newberry, 2001, "The influence of tax and nontax costs on book-tax reporting differences: Public and private firms", *Journal of the American Taxation Association*,

23(1), pp. 1–19.

Mills, L. F. and R. C. Sansing, 2000, "Strategic tax and financial reporting decisions: theory and evidence", *Contemporary Accounting Research*, 17(1), pp. 85–106.

Scholes, M.S., G.P. Wilson and M.A. Wolfson, 1992, "Firms' responses to anticipated reductions in tax rates: The tax reform act of 1986", *Journal of Accounting Research*, 30, pp. 161–185.

Shackelford, A. D. and T. Shevlin, 2001, "Empirical tax research in accounting", *Journal of Accounting and Economics*, 31(1-3), pp. 321–387.

Wang, Q., C. Shen and H. F. Zou, 2009, "Local government tax effort in China: an analysis of provincial tax performance", *Region-Development*, 9, pp. 203–236.

Wang, Q., T. J. Wong and L. Xia, 2008, "State ownership, the institutional environment, and auditor choice: Evidence from China", *Journal of Accounting and Economics*, 46(1), pp. 112–134.

Zimmerman, J. L., 1983, "Taxes and firm size", *Journal of Accounting and Economics*, 5, pp. 119–149.

# Book-Tax Non-conformity and the Tax Consequences of Earnings Management

## Kangtao Ye    Hang Liu

(School of Business, Renmin University of China; School of Accountancy / China Internal Control Research Center, Dongbei University of Finance and Economics)

**Abstract:** This study examines the impacts of book-tax non-conformity on the tax consequences of earnings management. Chinese Accounting Standards become more in line with International Financial Reporting Standards (IFRS) since 1995, which results in a major departure of financial reporting from tax reporting. Using a sample of Chinese listed firms over the period 1995-2014, we find that listed firms take advantage of the book-tax differences to reduce the tax costs of earnings management. Such an effect is more pronounced in firms with higher corporate tax rate, and is attenuated when the firm hires an international big four audit or the firm is located in regions with developed institutional environment. Our results suggest that the regulators need to reconcile accounting standards and tax laws when converging their accounting standards to IFRS.

**Key Words:** Accounting Standards Changes; Earnings Management; Tax Avoidance; Book-Tax Differences

**JEL Classification:** H26, M41, G38

# 消费者对互联网零售抵触研究：
# 交易成本经济学视角

邓宏辉　Peffers, Ken　　Saarinen, Timo　　Soronen, Osmo T.A*

**摘　要：** 本文基于交易成本经济学理论，采用整体分析方法，解释消费者对网购或 B2C 电子商务的抵触心态。电子交易由三部分组成：搜寻、交易、结算，我们使用这三部分构成框架，通过框架将新制度经济学理论应用到消费者决策方面的研究。之后，我们使用框架和交易成本经济学建立模型来模拟消费者在面对电子商务和传统实体零售渠道时如何选择。我们做了一次消费者调查，使用获得的数据结合统计学方法对模型进行测试，测试结果证实了本研究的主要假设，即交易成本的确会影响消费者的选择。此外，我们还确定了交易成本的构成要素，评估了这些要素影响消费者决策的程度。根据交易成本经济学，易验证性（资产专属性）是最重要的影响因素，其次是交易频率和不确定性，而人们普遍认识到的电商平台价格优势对消费者渠道选择产生的影响则弱于易验证性。

**关键词：** B2C 电子商务；交易成本经济学；消费者抵触；网购；消费渠道选择

*邓宏辉：通讯作者，美国，拉斯维加斯，内华达大学。Peffers, Ken：美国，拉斯维加斯，内华达大学。Saarinen, Timo：芬兰，赫尔辛基，阿尔托大学经济学院。Soronen, Osmo T.A：芬兰，赫尔辛基，赫尔辛基商学院（逝世），终稿日期：2016 年 9 月。

# 前　言

　　互联网促成了大多数商品零售的线上交易。与传统购买方式相比，电子商务市场的商品价格更加低廉，信息搜寻方法更简易，因而吸引了大量关注。不过，尽管前景预测乐观，电子商务实际交易量却低于预期。2007 年初，互联网电子商务出现已达 12 年，但美国 B2C 电子商务仅占全国零售总额的 3%（Bureau'，2007），这一比例到 2016 年也只增长到 8.1%（Denale and Weidenhamer, 2016）。尽管在过去九年中，电商零售额增长近三倍，但仍然远远低于20世纪90年代互联网繁荣时期人们对电子商务前景的预期（Chang et al., 2005）。据估算，全球53%的网民有过网购经历，占总人口的26%（Portal, 2016）。电商零售年增幅似乎表明电子商务已经成熟，但增长却还将持续低于预期（Chang et al., 2005, Bogue et al., 2016）。尽管人们对电商痴心未改，但与全球实体零售龙头沃尔玛 4840 亿美元的年销售额相比（截至 2016 年 8 月 30 日的一年间），电商巨头亚马逊相形见绌，年销售额仅为1210亿美元。[①]

　　巴克斯（Bakos, 1997）认为，电子商务市场中商品搜寻成本更低，卖家之间的竞争愈发激烈，所以电子商务市场的价格低于传统市场。布吕诺尔夫松和斯密斯（Brynjolfsson and Smith, 2000）指出，他们在研究中发现网店商品价格低于传统实体店。然而，尽管有价格优势，电子商务市场增速仍低于预期，如果低价不足以吸引消费者光顾电子市场，到底是什么原因造成他们对网店避而远之呢？此外，电商可以运用一系列差别定价策略，向价格敏感型消费者提供更低的价格（Einav et al., 2016）。多项研究提出阻碍消费者进入电子市场的因素，其中，信用卡恐慌、配送成本、不信任虚拟商家等是限制电子商务发展的主要元凶。

　　掌握消费者在选择传统实体店还是网店购物时如何做决策，不仅能促进电商零售方面的研究，还对提升这一现代经销渠道的效率大有裨益。有学者在研究中提出消费者远离电子购物的各种原因，例如，霍夫曼等（Hoffman et

---

① 数据来源：Morningstar.com

al, 1999）提出，消费者不信任电子商家以及隐私问题阻碍了电子销售的发展。斯瑞德和肖（Strader and Shaw, 1997）提出"成本导向型经济分析"方法对传统消费市场和电子商务市场进行对比。汉恩和特尔维斯（Hann and Terwiesch, 2003）提出网络消费者与网络商家进行网上交易时会遭遇摩擦成本。在中国，卖家欺诈行为成为消费者不信任电子商务的主要原因之一（Zhang et al., 2013），但声誉对于电商卖家至关重要（Clemons et al., 2013）。

本文采用整体研究方法，主要围绕购买价格和完成交易所需成本，研究消费者参与 B2C 电商交易的决策过程。对于 B2B 市场，新制度经济学给出一种研究方法：交易成本经济学（TCE）。本文旨在论证交易成本经济学理论同样适用于 B2C 市场，且交易成本会影响消费者在传统渠道和电子渠道之间的选择。

本研究采用的核心假设如下：消费者选择电子购物渠道的概率取决于消费者感知到的电子市场价格优势，搜寻、交易和结算等方面的交易成本差异，以及消费者感知到的时间价值和互联网使用经历。

本研究的目标包括：

（1）构建电子商务市场流程及交易成本分析框架；

（2）利用该框架建立模型来解释消费者选择电子购物与否的原因；

（3）采用实证数据验证模型的有效性。

本文采用交易成本经济学中的概念来分析消费者购买决策过程。交易成本经济学假定，消费决策者基于总成本把交易分配到相应的治理结构中（市场或层级），这里的总成本即购买成本和交易成本之和。为了使用这种基本原理分析消费者在电子和传统渠道之间的选择，我们需要评估两种渠道的交易成本。

为此，本文提出一个框架，把市场交易分成若干流程，每个流程都有交易成本，其中三个流程同时涉及消费者和卖家交换环节，即搜寻、交易和结算。从消费者的角度看，搜寻流程是指寻找产品和卖家信息的过程，交换流程是指销售条件洽谈、价格发现和交易承诺的过程，结算流程是指消费者付款和商家发货的过程，标志着交易的完成。

本研究成功应用以上框架开展一次消费者调查，调查表明网络消费者和传统消费者之间在统计上存在明显差异。此外，本研究还使用以上框架识别出购买过程涉及的交易成本构成要素。

本研究使用来自芬兰网民的数据，从实证角度评估交易成本，并运用统计方法分析网络消费者和传统消费者之间的主要差异。研究使用调查数据来生成模型变量的统计估计值，以检验模型有效性是否能得到证实。

本研究还使用该框架构建了一个逻辑回归模型，以预测消费者选择电子购物的可能性。通过对调查数据进行主成分分析，得到与框架各流程相匹配的有效因子，然后使用回归系数替代 SPSS 提供的估计值，得出的模型区分为网络消费群体和传统消费群体的正确率达到了 75%，有力证实本文提出的基本假定，即交易成本确实会影响消费者购买渠道的选择。

第二个发现是，搜寻成本在统计上并不明显，因此未被纳入模型中。尽管有些与搜寻相关的活动包含在其他模型变量中，但这也可以理解为，消费者不认为电子商务市场的搜寻交易成本显著低于传统市场。

通过模型变量敏感度分析，得出交易成本各维度对消费者购物渠道选择的相对重要性。与易验证性相关的交换变量对消费者选择电子渠道的影响最大，价格水平次之，与交易频率关联的经验变量排名第三，与结算相关的交易成本位列倒数第二，其影响主要源自结算的不确定性。而时间价值虽然涵盖交易成本各维度及搜寻成本的构成项，但对电子购物渠道选择的影响却最小。

## 一、理论基础

经济活动创造价值是通过价值链推动商品和服务流向最终的消费环节来实现的。价值链中相邻环节的交易通过层级结构或市场进行协调，传统而言，经济学家在市场研究中主要关注价格机制，并假定成本交易为零，但另一方面，公司被视作追求利益最大化的生产机器或"黑匣子"。

罗纳德·科斯（Ronald Coase）在一部具有重大影响的专著《企业的性质》中提出，交易成本是企业兴起及规模大小的决定性因素，为了解释为什么协调既可通过市场机制，也可通过企业家决策实现，科斯强调了利用价格机制的成本（Coase, 1937）。科斯总结道，"从边际效应的角度来看，企业内部组织的成本要么等同于其他企业组织的成本，要么等同于通过价格机制组织交易所需的成本。"（Coase, 1937）

20世纪70年代末到80年代初，交易成本经济学再度兴起，这在很大程度上归功于奥利弗·威廉姆森的努力，他提出的"组织失败框架"认为环境因素和人为因素是交易在层级结构内进行而非跨市场进行的主要原因（Williamson, 1975）。有限理性的不确定性和带有投机性的少数交换造成了市场交易成本的增加。

如果人为决策者具有无限理性，那么他们制定出的合同会考虑应对所有可能事项，使用这样的合同，便可轻松越过市场处理长期而复杂的交易。当不确定性超出了决策者理性能力时，有限理性十分重要，而面对高层次的不确定性和复杂性时，层级结构会体现出优于市场的交易成本优势。

少数交换是指可供买家选择的卖家数量有限的情况，即便一开始卖家数量众多，也可能会出现这种情况。一开始就被选中的卖家拥有先发优势，这种优势在续约时可能会为其带来优于其他竞标者的成本优势。只有在与机会主义结合的情况下，少数交换才会显得重要，如果双方都能坦诚自己的意图，只追求本应获得的收益，合同很容易就能达成。然而，由于事前难以察觉投机行为，所以当市场出现少数交换的情况，人们就会优先考虑内部组织（Williamson, 1975），在"对未来行为做出连自己都不相信的承诺"时尤为如此（Williamson, 1975）。

为了推动交易成本经济学理论的发展，威廉姆森把研究方向从阐释纵向一体化激励机制转向中间产品交易。中间产品是指价值链中某一环节形成的用于下环节投入的产出。威廉姆森希望通过研究为各种类型交易找出最经济的治理结构。治理结构是指"确定交易公正性的制度框架"（Williamson, 1979），交易具有不确定性、频率性和特质性等特征，威廉姆森分别从买家市场活动的角度和买家交易类投资的角度给出交易频率和特质性的定义（Williamson, 1979）。

针对哪些因素决定着一项交易应该在公司内部还是在市场中进行这一问题，威廉姆森（Williamson, 1981）提出资产专属性是最重要的考量因素，他把交易类投资这一术语更改为资产专属性，列出专属性形成的三个要素：区位专属性、物理资产专属性和人力资产专属性。后来，他又增加了一个要素——专用资产（Williamson, 1985）。区位专属性是指价值链中相邻生产环节的地理位置需要相临近，物理资产专属性是指商品生产中需要使用特定的设备，人力资产专属性是指生产和交易过程中的学习效应，特定资产是指买家仅出于服务某一特定买家进行的投资，但这种投资并非用于交易

（Williamson, 1985）。

威廉姆森提出一个简易模型，根据该模型，如果资产专属性较低，市场交易就较为经济实惠；如果资产为半专属，应采用双边治理；如果资产专属性较高，纵向一体化就会出现。市场生产成本优于内部生产成本，正是资产专属性产生的影响。由于资产专属性的价值不高，市场比内部交易更具生产优势，虽然这种优势随资产专属性上升而有所消减，但即便资产专属性处于高位时，优势依然存在。另外一方面，资产专属性处于低位时，市场比内部交易更具成本优势，但如果交易具有特质性，需要更加精细和昂贵的治理结构时，这种优势会迅速衰减为劣势。生产和治理成本之和被用来决定如何经济实惠地把交易分配给市场和层级结构，当市场的成本优势为零时，决策者不会纠结于应该自制还是外购，但是当资产专属性处于高位时，决策者会选择内部交易，而当资产专属性处于低位时，市场交易最为实惠。

关于交易成本经济学的实证研究得出相似发现，交易成本尽管难以测量，但却十分重要。在实证研究中，资产专属性一直比交易成本的其他维度更受关注，尽管环境及人为不确定性也是交易成本经济学实证研究的对象，但受到的关注比资产专属性要少。舍兰斯基和克莱因（Shelanski and Klein, 1995）在其交易成本经济学实证研究总结评定中列出一些关于不确定性影响的相互矛盾的发现。另一方面，交易频率在交易成本经济学研究中很少被提及。瑞德费莱希和埃德（Rindfleisch and Heide, 1997）对交易成本经济学相关文献进行综述时发现，有关交易频率的研究非常有限，而且大多数研究者并未成功证实交易频率对交易治理的影响。

电子市场假说

马隆等（Malone, 1987）把交易成本经济学与信息技术相结合，他们预测随着电子数据处理得到更广泛的使用，市场会比层级结构内部协调更受青睐，他们把电子市场这一术语来定义为计算机辅助市场机制，此外还提出信息通信技术会对交易产生电子交流效应、电子中介效应和电子一体化效应等三种效应。

电子交流效应是指信息传输所需成本和时间的缩减，市场和层级结构都会受益。电子中介效应是指通过中央数据库把众多买家和卖家有效对接，省去大量一对一的交流，这种效应主要造福的是电子市场。电子一体化效应是指使用信息技术来协调和整合交易双方的信息管理流程。

在这一研究的基础上，多位学者开展相关研究，证实了交易成本经济学对电子商务扩散的促进作用，交易成本似乎影响着网站复访意向（Che et al., 2015）、新兴经济体电子商务的发展（Agarwal and Wu, 2015），以及产业脱媒化的可能性（Almunawar and Anshari, 2014）。

马隆等在威廉姆森的交易特征理论的基础上，增加了产品描述复杂性这一维度，即潜在买家在做出选择时所需要的信息量，他们提出产品描述复杂性在逻辑上独立于资产专属性，尽管二者对治理结构的选择有着相似的影响：产品描述高度复杂的，需要更多的信息交换和协调，所以这类产品更可能在内部进行购买，而不会从市场中购买（Malone et al., 1987）。在构建这一假说时，马隆等简化了交易成本的概念，直接使用协调成本，包括处理与商品生产和交换协调相关的各种信息所产生的成本（Malone et al., 1987）。

马隆等接着提出了"电子市场假说"，不过当时他们使用的说法是"交易会向市场转变"。根据电子市场假说，单位协调成本随信息技术应用的增加而降低，这样一来就会使得市场交易比层级内部交易更受青睐。这是因为在同等条件下，市场交易的协调成本高于层级内部交易，所以协调成本下降会使市场交易更受欢迎。根据电子市场假说，当资产专属性和产品描述复杂性双双居于高位时，层级内部交易比市场交易更受欢迎；反之，市场交易则更受青睐。信息技术的使用造成生产技术的资产专属性降低，复杂产品信息的交流变得实惠可行，进而改变资产专属性高低之间以及复杂性高低之间的界限。以上因素有利于市场协调，意味着将会出现层级内部交易将向市场交易转变的普遍趋势（Malone et al., 1987）。

马隆等后来对前文提到的发展变化进行评述时提出，电子市场的出现不可避免，且发展动力具有普遍性（Malone et al., 1989），他们描述了从卖家将与其系统联机的终端部署在买家场址的单一源电子销售渠道到公正电子市场的演进过程，同时预测，得益于电子中介效应，生产商与消费者的衔接将会日臻完善，电子市场为消费者带来的益处主要包括价格更加低廉、更多买家可供选择、选择流程更为便捷（Malone et al., 1987）。

马隆等（Malone et al., 1989）把电子市场假说延伸至消费者交易。当电子市场假说问世之时，互联网尚属政府管控，在互联网上进行商业活动是被禁止的。因此，假说中设想的电子交易适用于专用的电子网络。就管控与治理而言，专用电子网络环境有别于开放型网络结构的互联网，而互联网后来成为消费者电子交易市场的主要平台。丹尼尔和克力米斯（Daniel and Klimis, 1999a）针对音乐产业和零售银行业两个被认为适合互联网交易的消费市场进行实证分析，结果发现电子市场假说在这两个市场行得通，但还有所欠缺，他们建议在假说增加涵盖与不确定性相关的信任与监管问题的内容。

在见证互联网繁荣之后，斯瑞德和肖（Strader and Shaw, 1997）提出电子市场在交易成本方面比传统市场更具优势，他们专门研究了消费市场，并提出"成本导向型经济分析"方法，以对传统消费市场和电子商务市场进行对比。

斯瑞德和肖认为电子市场的产品价格和搜寻成本更低，二者都是激励消费者由传统市场转入电子市场的诱因。然而，他们也指出，电子市场中的与风险、配送和市场相关的成本相对更高，同时假定理性买家会尽最大努力把各项成本之和降到最低。随后，斯瑞德和肖（Strader and Shaw, 1999）公布了证实其分析的实证数据。然而，他们只是对成本要素进行逐一对比，并没有对差异进行汇总，所以尽管他们预测较低产品价格和搜寻成本可以抵消较高的风险成本，但这一预测并没有通过数据得以证实。

常等（Chang et al., 2005）对各种相关研究进行综述，以期搜集可以用来解释为何消费者参与于商务交易的变量，最常用的解释变量包括风险认知和信任，但是他们发现，学者们并没有使用统一的术语定义，所以各项研究结果之间几乎不具可比性。后续研究（如 Renko and Popovic, 2013）表明，焦虑和信任缺乏仍然是消费者是否愿意参与电子商务交易的重要影响因素。

常等所综述的研究中，有三项研究涉及交易成本，但只有一项是在交易成本经济学理论下进行，梁与黄（Liang and Huang, 1998）在研究中应用交易成本经济学对不同产品进行评估，比较这些产品在电子零售交易中的可接受性。此外，张和俞（Teo and Yu, 2005）应用交易成本经济学来解释电子商务中消费者的购买行为，这项实证研究同时探讨不确定性和交易频率，研究发现，不同类型的不确定性对交易成本有不同的影响，同时消费者的网购决定受交易成本的影响。

## 二、理论框架

商业活动常常被分析成一系列旨在达到预期结果的活动。尼森提出的商业模型（Nissen, 1997）涉及一般商业，从买家和卖家的视角描述一次交易涵盖的所有流程，买方流程包括确定需求，搜寻商品或者服务提供商，然后协商交易条件，达成协议意味着交易完成，但只有当交易物品不再需要时整个流程才终止。卖方流程包括准备提供商品或者服务，市场营销、销售、客户服务。

买方流程和卖方流程在多个环节存在交互。尼森（Nissen, 1997）认为，得益于数字和网络技术的支撑，电子商务在有信息交换产生的各个环节具有最大的潜力。尼森对电子商务的描述并未涉及影响力、货币和商品等方面的交换——即交易中的谈判、价格发现、付款和交付等构成要素。

电子市场框架（Daniel and Klimis, 1999b）把电子市场描述为各种流程及可提升流程效率的中介之融合，它建立在尼森商业模型的基础上，认为电子市场是搜寻、交换和结算等三大交易流程的结合体，其中搜寻和交易是电子市场的核心，而结算不一定在电子市场中操作，或许需要进行修正才能更好地支撑搜寻和交易。此外，由于电子市场的发展，现有的结算安排（付款和交付）或被新的安排取代。

把电子市场框架的三个交易环节投射到商业模型，改变了观察的视角。如图 1 所示，电子市场框架描述出联系买卖双方的各种流程，关注的焦点从交易双方转移到交易本身。从消费者的角度看，搜寻流程即寻找产品及卖家信息的过程，交换流程包括销售条件协商、价格发现和交易承诺，结算流程涵盖了完成交易所需的买家付款和卖家发货，所有流程都涉及交易成本。图 1 还包括时间，这是因为采购所花时间也可能会被视作受交易成本影响的采购支出。

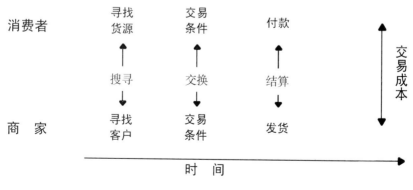

图 1　电子市场框架

　　网上搜寻的实际成本可能很低，但是花费的时间也应该要计入总的搜寻成本。

　　电子市场框架中的交易流程包括交易双方谈判、发现价格和达成协议的过程，但是由于网络具有开放性，人们可能会担心交流的安全性、谈判双方的身份识别和电子协议的可执行性。

　　电子市场框架中结算流程的交付环节可能需要依赖中间商配送交易的实物。在互联网上完成结算流程的付款环节，已经吸引到学者和通俗读物作者的大量关注，合适付款手段的缺乏被认为是制约网购发展的主要障碍，尽管在大多数电子市场和实体市场中都建议使用电子货币或数字现金进行支付，但是买家只要承诺使用传统支付方式，就已经足够，因此问题只在于交易双方身份识别和合同执行，这两方面问题都可以通过中间商得到很好的解决。付款环节可以通过现有中介使用已有手段来完成，比如通过银行或信用卡公司。

　　尽管市场交易通常简称为销售而不是合约，但市场交易通常受古典契法管辖，在执行方面需要依赖法院。然而，开放的互联网无法可靠地鉴定沟通双方的身份，交易的电子文件可能会轻易被否认，这样便会引起纠纷和大量的担忧。与传统市场相比，以开放互联网为载体的市场存在更高的不确定性，对这些不确定因素的忽略，可能是电子市场预期繁荣却发展缓滞的一个原因。

　　消费者的交易成本

　　交易成本经济学假定，消费决策者基于总成本把交易分配到相应的治理结构中，这里的总成本即购买成本和交易成本之和。然而，把这一思路延伸到消费者选择问题上，就需要思考将交易成本经济学理论用于零售采购是否合适。

　　首先，治理结构。交易成本经济学主要用于企业的"自制还是外购"决策，换言之，企业决定交易应该在企业内部还是外部市场进行治理。然而，消费者很少面临这样的选择，因为大部分物品主要在市场上购买，尽管如此，他们仍需要在不同卖家和不同市场形态之间做出选择，比如通过零售店还是邮购目录购买物品。电子市场框架已经表明，若一个企业决定将某项交易交由市场治理时，根据交易成本经济学，该企业在选择能提供最有利总价格的市场类型时，也会应用相同的理念。同理，有限理性的消费者在电子和传统市场的选择上，与交易成本经济学的假定相吻合。下文将继续探讨总成本四大要素（产品价格、资产专属性、不确定性和交易频率）的适用性。

电子市场的价格水平

交易成本经济学的依据是市场在生产成本方面比层级结构更具优势，所以在其他条件不变的情况下，市场会因为价格更低而受到青睐。同样，多项电子市场方面的研究也预测并认为，搜寻成本更低且卖家竞争更为激励会造成电子市场价格低于传统市场。例如，本杰明和维甘德（Benjamin and Wigand, 1995）证明，消费者在电子市场购买衬衫可以节省逾 60%的支出，这一结论在学术界被广泛引用。然而，该结论的前提是假定厂商以成本价把衬衫直销给消费者，且从工厂交付到消费者手上这一过程没有产生任何费用。布吕诺尔夫松和斯密斯（Brynjolfson and Smith, 2000）对书籍和 CD 网购进行研究，他们发现在考虑交付成本的情况下，两种商品的网购价格比传统零售渠道低 9%~16%，节约幅度小了很多。

布吕诺尔夫松和斯密斯（Brynjolfson and Smith, 2000）还发现，电子商务市场上的价格具有不稳定性和分散性，这表明购物个案中很难得出电子购物渠道的准确价格优势，同时也表明寻找最低价格需要耗费精力。此外，贝利（Bailey, 1998）对比了书籍、CD 和软件的价格，发现这些商品在网店中的价格并非总是低于传统零售商店。故此，消费者购物渠道选择模型不能假定电子市场商品价格会一直低于传统商店，相反，模型需要同时考虑电子市场的价格优势和劣势。

交易特征

交易成本经济学假定，卖家将交易分配给不同治理结构时，其交易类投资即资产专属性是最重要的特征。在消费市场中，如果卖家针对个体买家进行的专属投资在与其他客户交易时价值较低，那么卖家很少会愿意进行投资。然而，卖家可能会通过"常飞旅客"或其他客户忠诚度提升计划，引导消费者与之建立密切关系，以便形成和强化人力资产专属性。通常来讲，因为缺乏交易类投资，消费市场更不容易因资产专属性而产生交易成本。然而，电子商务市场中，交易各方都会因为身份验证产生较高的交易成本，交易双方可能都需要验证对方的身份、交易商品或服务的属性以及交货和付款承诺的稳健性或购买的其他特征。以上验证在传统实体零售商店中可轻易完成，但在电子市场中则可能会产生额外成本，类似于资本市场交易产生的成本。因此，我们可以采纳威廉姆森的建议（Williamson, 1975，第 259 页），即"使用'易验证性'替代'投资专用性程度'，可在提议框架内评估资本市场验证"，以此来看，电子验证越容易，电子市场就越有优势。

　　一般认为交易中的不确定性源于决策者的有限理性和一些市场主体的投机行为，与长期合同有关的环境不确定性（例如需求或科技方面的变化）在消费市场中不太高，但在价值链中间产品采购中却非常高。然而，相较于传统市场，环境不确定性在电子市场中的作用举足轻重。由于电脑黑客入侵和侵犯信息隐私等方面的报道层出不穷，网络自身安全性问题值得引起关注。此外，值得一提的是，在初始理念中，交易成本经济学假定市场交易依照传统合同法进行治理，但是在开放网络进行交易时却并非总是如此。大多数情况下，有完备的法律可充分监管电子交易，然而，由于消费者难以确定电子交易方式适用什么法律，电子市场的不确定性或会上升。同样，交易成本随资产专属性程度变化而变化，当易验证性缺失且具有不确定性时，交易成本会大幅增加。

　　交易成本中的频率维度是由市场中买家的活动所决定的，根据交易成本经济学，资产专属交易频率增加会使层级结构受到青睐，因为交易数量越大，专门治理结构的成本就越合理，但这一点在消费市场中需要有所调整，这是因为认为消费者能够建立治理结构的假定不具备合理性。因此，本文采用广义的交易频率定义，即买家使用电子通信网络（即互联网）的总体情况，之所以采用该定义，是因为频繁使用互联网会影响消费者对易验证性的态度。

　　价格水平和交易特征对消费者购买渠道选择的影响如图 2 和图 3 所示。图 2 表明，电子市场和传统市场之间的交易成本差异随验证难度变化而变化，验证难度较高，传统市场比电子市场有交易成本优势；验证难度下降时，交易成本优势随之减小，当验证难度降至某一点，交易成本差异消失；这时，如果验证难度继续下降，电子市场将受到青睐。图 2 中，实线与纵轴相交于 TC 点，这表明当两类市场的价格水平具有可比性时，电子市场的成本优势随验证难度变化而变化，如果电子市场的价格低于传统市场，成本优势曲线随电子市场的总成本优势增加向右移动，这一效应如图 2 虚曲线所示，虚曲线与横轴相交于 TCP 点，这表明尽管这时验证难度较高，但电子市场仍会受到青睐。

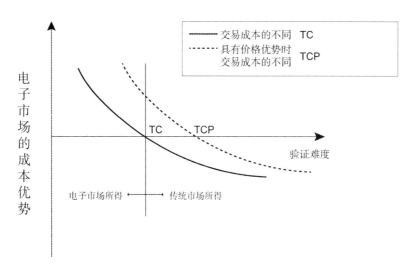

**图 2 验证难度对交易成本的影响**

处于某些水平时，验证难度对两类市场的影响持平，如果电子市场交易不确定性上升，交易成本优势曲线向左移动，这时验证难度要在更低水平（即U+点），对两类市场的影响才会持平。交易频率和不确定性的影响刚好相反，当电子交易频率上升时，曲线向右移动，这时验证难度要在更高水平（即 F+点）对两类市场的影响才会持平。

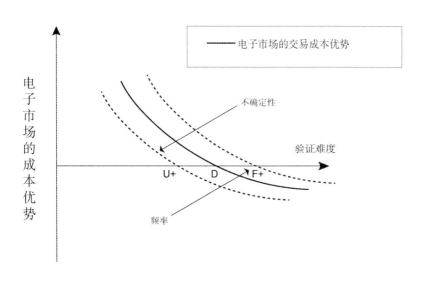

**图 3 不确定性及频率对交易成本的影响**

## 三、数据收集与描述

我们对可以使用电子购物渠道的网络用户进行调查以收集数据。我们从芬兰最大网络服务商 Sonera 公司的消费者数据库中随机抽取 2539 名消费者进行调查。

首先，我们给消费者邮件地址发送问卷调查请求，邀请收件人在年终时通过网络提交问卷，次年一月，我们寄送常规信件给还没交回问卷的消费者，提醒他们填写问卷，信件中包括一份纸质版调查问卷和一个回函信封，我们还在信件中说明如何使用 HTML 网页问卷表。我们假设在样本组里的每一位成员都能收到至少一份邀请邮件。因为有些邮件/信件被退回，所以收到邀请的人数比预期少，但 2539 名消费者中，共有 871 人交回调查问卷，占比为24.3%。

为了评估收集到的人口数据资料，我们将调查结果与芬兰统计局公布的能反映芬兰人口总体情况的人口普查资料进行比对。此外，我们还将收集到的网络使用数据结果与芬兰 Taloustutkimus （以下简称"TOY"）公司的数据进行比较。TOY 是一家私有市场调查公司，该公司曾通过电话调查的方式，从全国人口中抽取 3014 人做过一次网络使用情况调查（Taloustutkimus，2001）。

我们从受访者获取的人口统计资料与 TOY 公司发布的芬兰网络用户资料一致，TOY 数据样本更大，来自于总体人口；尽管我们的人口统计资料仅来自 Sonera 公司，但与 TOY 发布数据的总体情况无显著差异，所以基于本研究调查数据得出的结论可用于芬兰所有的网络用户。

就人口统计资料而言，受访人群与全国总人口并不完全匹配，本研究的样本主要由男性和教育程度较高的人群组成，受访者收入水平与全国平均水平同样存在差异，所以本研究结果并不一定能应用到全体消费者。

网络使用

受访者平均网龄为三年，网龄中位数为两年零九个月，最常见网龄为两年，2%的受访者表示从未使用过网络，网龄最长为七年半，占比达 2%，下四分位数为 2 年，上四分位数为 4 年。

问卷要求受访者给自己的互联网技能打分，平均分值为 7.1 分，打分范围与芬兰中小学打分范围一致，为 4 ~ 10 分，3% 的受访者给自己打 4 分，3% 的受访者给自己打 10 分，中位数为 7，众数为 8。

受访者每周平均上网三小时四十四分钟，但上网时间分散程度较高，1/3 的受访者每周上网不超过一小时，而有 1/4 的受访者表示他们每周至少上网为五小时。受访者最普遍的上网时长为每周一小时，上网时长中位数为每周两小时。

网上购物

在受访者当中，在网店购物属于普遍现象，40% 的受访者在受访当年至少网购过一次，有网购经历的受访者对网购体验表示满意，其中超过一半的人完全或基本赞同他们会在下一次有类似购物需求时选择网购。人口统计数据分析表明，网购用户和非网购用户之间存在很小差异，平均而言，网购用户比非网购用户更年轻，但除年龄外，调查数据并未表明网购与人口统计数据之间存在明显的相互依存性。性别、教育程度、工资等级或住所类型对消费者的购物渠道选择似乎并未产生影响。

但是，网购用户的网络使用特征有别于非网购用户，上网时间越长，就越可能网购。同样，互联网技能和网龄与网购呈正相关，有网购经历的受访者给自己的互联网技能打分高于没有网购经历的受访者。此外，网购用户平均网龄接近三年半，而非网购用户网龄平均要短十个月。

大部分受访者都认为网购交易十分简单。同时，受访者还认为，网店可以提供流畅便捷的支付方式，与网络商家联络十分方便，但受访者对网络商家提供的交付服务以及销售条款和条件持不同意见。此外，受访者对快速退订和退款、商家信誉信息的易验证度以及保密信息安全等方面的看法分歧较大。最后，受访者对于网上使用信用卡很安全这种说法表示最为强烈的反对。

除了购物时间更加灵活外，受访者普遍认为，网购可以更方便的同时应对不同卖家。此外，受访者还认为，互联网上有更多物品可供选择。对于网购便于买家获取详细的商品或服务信息这一观点，受访者的态度大都较为中立，平均而言，持赞成观点的受访者占比略高。此外，对于网购便于获取其他消费者对产品、销售人员、商家的评价这一看法，受访者仅表示适度赞同。有相当一部分受访者不赞同网购在各种相关成本方面更具优势这一说法。

对网上交易的态度

我们在问卷中设定有一个情景，用于评估电子购物中与时间相关的交易成本，受访者需要回答特定旅行服务的售价要便宜多少才会选择网上交易。问卷情景告知受访者，网上报价要便宜 500 欧元，但需要花费一个小时才能找到卖家并完成交易。

5/6 的受访者愿意花一个小时去购买到更便宜的商品或服务，2/3 的受访者表示，只要低价商品或服务能满足特定标准，他们就愿意进行网购。1/5 的受访者认为，只要能找到更好的价格，不管能省多少钱，他们都愿意进行网络交易。只有 1/6 的受访者认为，即便网购更加实惠，他们也不会进行网上交易。表 1 为有网购经历的受访者和没有网购经历的受访者在以上三种交易条件下的网购意愿。

### 表 1    网购经验和电子交易意愿

| | | | 网购 | | |
| --- | --- | --- | --- | --- | --- |
| | | | 否 | 是 | 总计 |
| 交易条件分类 | 从不交易 | 人数 | 106 | 19 | 125 |
| | | 占比（%） | 84.8 | 15.2 | 100.0 |
| | 有折扣才交易 | 人数 | 306 | 241 | 547 |
| | | 占比（%） | 55.9 | 44.1 | 100.0 |
| | 交易 | 人数 | 67 | 95 | 162 |
| | | 占比（%） | 41.4 | 58.6 | 100.0 |
| 总计 | | 人数 | 479 | 355 | 834 |
| | | 占比（%） | 57.4 | 42.6 | 100.0 |

皮尔森卡方检验结果为 55.915，表明受访者网购经历与受访者对因实惠而网购的态度存在相互依存关系，自由度为 2 且风险值为 0.05 时，检验结果为 5.99。因此我们可以得出变量之间并非相互独立的结论。此外，对网购经历和网上交易态度进行交叉制表，得出列联系数为 0.251，这为二者存在相互依赖性的结论提供佐证。

此外，受访者认为时间与金钱是使用电子渠道购物的两个诱因，对这两种因素进行比较，结果表明交易时间和网购之间存在着明显的关系。表 2 为基于这种对比的方差分析结果。

表 2　折扣需求及自愿投入搜寻时间的分析

| | 网购经验 | 人数 | 平均值 | 标准差 | 标准误差 | 95%均值置信区间 | |
|---|---|---|---|---|---|---|---|
| | | | | | | 上限 | 下限 |
| 交易折扣需求 | 无 | 306 | 489.05 | 275.86 | 15.77 | 458.02 | 520.08 |
| | 有 | 241 | 424.69 | 195.84 | 12.62 | 399.84 | 449.54 |
| | 总计 | 547 | 460.70 | 245.75 | 10.51 | 440.06 | 481.34 |
| 方差分析 | | | | | | | |
| | | | 平方和 | 自由度 | 均方差 | F 检验 | 显著性 |
| 交易折扣需求 | 组间 | | 558437.2 | 1 | 558437.2 | 9.389 | 0.002 |
| | 组内 | | 32415778.4 | 545 | 59478.5 | | |
| | 总计 | | 32974215.6 | 546 | | | |

网购经历和网络交易小额折扣需求之间具有显著关系，p 值为 0.002，平均而言，如果电子交易价格比传统渠道便宜 72 欧元，受访者就愿意花一小时进行电子交易，但这一金额必须要达到 81 欧元，没有网购经历的受访者才会进行电子交易。

## 四、分析与结果

在数据汇总期间得出的初步结果表明，有过网购经历的受访者与没有网购经历的受访者在诸多方面存在差异，网店消费者和传统店铺消费者对电子购物的看法和态度存在明显差异，并且在网络使用能力和经验方面呈现出明显的不同特点，本研究通过整合这些差异，构建出消费者渠道选择预测模型，并对该模型进行检验。

之后，我们采用逻辑回归为建模工具。二元逻辑分析适用于使用模型预测概率的情况。当预测结果被认为变化过大时，二元逻辑分析要优于增量和乘法线性回归模型，因为从技术层面上看，二元逻辑回归分析可以避免预测结果小于 0 和大于 1 的情况。本研究中，模型预测存在巨大变化，模型给出的预测结果介于 0 和 1 之间。此外，逻辑回归模型对自变量的分布情况没有要求（Sharma, 1996），所以当所选自变量不满足多变量正态假设时，逻辑回归模型则更适合。因变量采用二分法，根据受访者对相关网购问题的回应，分为网购和不网购两类，而自变量则是根据受访者对交易特点和电子市场框架的回应构建而成。

解释变量

在问卷中，针对受访者对电子购物的意见而设计的问题旨在间接了解与渠道相关的交易成本，因此，我们采用主成分分析法来发现与交易成本相关的主要信息，并为此减少变量数量。表 3 为主成分分析结果。

表 3　从交易成本特征变量中提取的主要成分

| 总方差析 | | | | | | |
|---|---|---|---|---|---|---|
| | | 要素 [a] | | | | |
| | | 1 | 2 | 3 | 4 | 5 |
| 初始特征根 | 总数 | 7.27 | 1.84 | 1.39 | 1.04 | 0.81 |
| | 方差（%） | 38.2 | 9.7 | 7.3 | 5.5 | 4.3 |
| | 累计（%） | 38.2 | 47.9 | 55.2 | 60.7 | 65.0 |
| 提取平方载荷综合 | 总数 | 7.27 | 1.84 | 1.39 | 1.04 | |
| | 方差（%） | 38.2 | 9.7 | 7.3 | 5.5 | |
| | 累计（%） | 38.2 | 47.9 | 55.2 | 60.7 | |
| 旋转平方载荷综合 | 总数 | 4.11 | 2.72 | 2.62 | 2.09 | |
| | 方差（%） | 21.6 | 14.3 | 13.8 | 11.0 | |
| | 累计（%） | 21.6 | 36.0 | 49.7 | 60.7 | |
| 提取方法：主成分分析法 | | | | | | |
| a：成分 6 到 19 未展示 | | | | | | |

此外，为更好地解释和描述主成分，我们对主成分进行了旋转，变量名称与问卷问题之间均有交叉关联，如表 4 所示，命名格式为 Qxx_y，其中 xx 是问题序号，y 则表示每个子问题对应的字母顺序。在表 5 中，各变量的最高载荷都用下划线加以标记，对特定主成分形成最大荷载的变量被用来评估和命名成分特征，表 5 各列标题为赋予各成分的名称。

**表 4　有关主成分的调查问题**

| | |
|---|---|
| **问题 17：你们对以下关于互联网交易的观点有何看法？** | |
| a) | 能很方便地找到在互联网上营业的卖家。 |
| b) | 能很容易地证明网络店家的可靠性。 |
| c) | 网店的交易条款十分清晰，易于接受。 |
| d) | 在网店下单很方便。 |
| e) | 网店提供便捷的付款方式。 |
| f) | 网上使用信用卡很安全。 |
| g) | 网店提供很好的交付安排。 |
| h) | 网店可顺利处理退订和退款。 |
| i) | 与网店打交道时，自身的隐私信息可以得到安全保障。 |
| **问题 18：网络购物相较于传统购物，你对以下观点有何看法？** | |
| a) | 网络购物优势很大。 |
| b) | 相较于传统购物方式，网络购物花费时间更少。 |
| c) | 网络购物更加简便。 |
| **问题 19：以下观点认为网上交易比传统方式更加简单，你怎么看？** | |
| a) | 通过网络可以更容易同时应对多个卖家。 |
| b) | 通过网络可以更容易了解其他消费者对于产品、卖家和服务的看法。 |
| c) | 通过网络可以更容易获取详细的产品及服务信息。 |
| d) | 通过网络可以获得更多货品选择。 |
| e) | 网店营业时间更优化。 |
| f) | 与网络商家谈判更加方便。 |
| g) | 综合考虑购买及配送成本的情况下，网购具有很大优势。 |

第一个主成分是结算，用来评估商家信誉、隐私信息保护和销售条款可接受性等的变量对结算产生的荷载最高，而电子购物的这些方面通常和网络支付以及网络商家交货的可靠性有关联（Hoffman et al., 1999, Warrington et al., 2000）。此外，结算还体现出部分变量具有较高载荷，这些变量能反映受访者对网店付款程序、信用卡使用、配送安排以及退订条款等的意见。从交易成本经济学的角度来看，这些变量对于第一个主成分产生的荷载可以反映出不确定性相关指数的情况。

### 表 5   提取主成分的特征描述

| 旋转成分矩阵 [a] | | | | |
|---|---|---|---|---|
| | 成分 | | | |
| 变量 | 1（结算） | 2（交易） | 3（搜寻） | 4（定价） |
| Q17_a | 0.298 | 0.499 | 0.320 | -0.134 |
| Q17_b | 0.789 | 0.109 | 0.182 | 0.112 |
| Q17_c | 0.712 | 0.263 | 0.164 | 0.138 |
| Q17_d | 0.252 | 0.764 | 0.115 | 0.042 |
| Q17_e | 0.587 | 0.520 | 0.032 | 0.005 |
| Q17_f | 0.773 | 0.039 | 0.149 | 0.161 |
| Q17_g | 0.527 | 0.478 | 0.082 | 0.246 |
| Q17_h | 0.698 | 0.142 | 0.154 | 0.151 |
| Q17_i | 0.770 | 0.065 | 0.170 | 0.227 |
| Q18_a | 0.274 | 0.094 | 0.246 | 0.737 |
| Q18_b | 0.136 | 0.586 | 0.142 | 0.571 |
| Q18_c | 0.140 | 0.574 | 0.197 | 0.563 |
| Q19_a | 0.140 | 0.292 | 0.566 | 0.251 |
| Q19_b | 0.196 | 0.046 | 0.758 | 0.070 |
| Q19_c | 0.165 | 0.237 | 0.712 | 0.143 |
| Q19_d | 0.059 | 0.271 | 0.674 | 0.200 |
| Q19_e | -0.070 | 0.613 | 0.231 | 0.184 |
| Q19_f | 0.421 | -0.076 | 0.507 | 0.187 |
| Q19_g | 0.378 | 0.035 | 0.273 | 0.701 |
| 提取方法：主成分分析法 | | | | |
| 旋转法：开塞正态方差最大变异法 | | | | |
| a：旋转由 9 次迭代聚合 | | | | |

第二个主成分是交换，该名称来源于一些变量产生的高荷载，这些变量关系到下单是否方便和网店营业时间是否便捷，此外与网络交易时效性及简便性和寻找网商的方便性相关的变量对交换产生较高的载荷。根据交易成本经济学，该项主成分可代表易验证性。

第三个提取的主成分是搜寻，搜寻对于一些变量而言具有最大载荷，这些变量用于测算了解其他消费者观点及获取详细产品信息的容易程度。消费者对是否方便接触多个商家以及网店有大量物品可供选择这两项的态度，对搜寻这一主成分产生极大影响。此外，与商量谈判相关的变量也对搜寻产生很高的载荷，这种高荷载可能是因为谈判被看做是询价。

第四个主成分是定价，将配送和其他购物相关成本考虑在内时，与网店价格水平和网购优势有关的变量对定价产生较高载荷。定价主要反映购买过程的货币成本，不过，它也可能会受到完成购买行为所需时间成本的影响，这一点表现在与时效性和网上交易简便性相关的变量对定价产生的载荷属于第二高。

其次，我们使用三项与受访者网络使用程度和经验相关的背景变量（比如网龄、网络使用技巧、每周上网时间）提取了一项主成分，标识为"经验"，三大变量的变化中，有 54% 要归因于经验。因为实际调查没有涉及购买频率，我们使用经验代替交易成本经济学中的频率维度。

最后，我们引入三个基于旅行服务购买情景的变量，将受访者对时间相关交易成本的回应纳入预测模型。我们将受访者对于网购一小时所需折扣的回应编码为两个虚拟变量和一个枚举变量。

然后，我们得出以下原始模型：

其中

X 是逻辑回归系数，

$C_{下标}$ 表示各个主成分，

如果可获取到明确折扣，则 $X_1 = 1$，否则 $X_1 = 0$；

$X_2$ 是受访者花一个小时网购要求的折扣量；

如果无论折扣多少都不网购，则 $X_3 = 1$，反之，$X_3 = 0$。

参数估计

通过 SPSS 软件，我们对模型系数值进行了估测，具体结果见表 6a 和 6b。

### 表 6a 模型拟合

| 数据汇总 | | | |
|---|---|---|---|
| 未加权样本 [a] | | 数量 | 占比% |
| 入选样本 | 计入分析的样本 | 834 | 95.8 |
| | 丢失样本 | 37 | 4.2 |
| | 总计 | 871 | 100.0 |
| 未入选样本 | | 0 | .0 |
| 总计 | | 871 | 100.0 |
| a: 若计入权重，请参见样本总数分类表 | | | |
| 模型系数 Omnibus 测验 | | | |
| | | 卡方 | 自由度 | 显著性 |
| 步骤 1 | 步骤 | 285.367 | 7 | 0.000 |
| | 区组 | 285.367 | 7 | 0.000 |
| | 模型 | 285.367 | 7 | 0.000 |
| 步骤 2 [a] | 步骤 | -0.144 | 1 | 0.704 |
| | 区组 | 285.233 | 7 | 0.000 |
| | 模型 | 285.233 | 6 | 0.000 |
| a: 当卡方值为负时，说明卡方值较上一步减少 | | | |

| 模型汇总 | | | |
|---|---|---|---|
| 步骤 | -2 对数似然值 | 考克斯-斯奈尔 R 方 | Nagelkerke $R^2$ |
| 1 | 870.802 | 0.290 | 0.386 |
| 2 | 870.947 | 0.290 | 0.386 |

## 表 6b  模型拟合（续）

| 分类表 [a] | | | | | |
|---|---|---|---|---|---|
| | | | | 预测 | |
| | | | | 网购 | 预测正确率 |
| | 观测 | | | 是 | 否 | |
| 步骤 1 | 网购 | | 是 | 388 | 91 | 81.0 |
| | | | 否 | 122 | 233 | 65.6 |
| | 总体百分比 | | | | | 74.5 |
| 步骤 2 | 网购 | | 是 | 387 | 92 | 80.8 |
| | | | 否 | 121 | 234 | 65.9 |
| | 总体百分比 | | | | | 74.5 |

a: 切割值为 0.500

| 公式中的变量 | | | | | | | |
|---|---|---|---|---|---|---|---|
| | | 回归系数 | 标准差 | 卡方值 | 自由度 | 显著性检验 | 优势比（B） |
| 步骤 1 | C_结算 | -0.444 | 0.087 | 25.751 | 1 | 0.000 | 0.641 |
| | C_交易 | -0.783 | 0.099 | 63.088 | 1 | 0.000 | 0.457 |
| | C_搜寻 | -0.032 | 0.085 | 0.144 | 1 | 0.704 | 0.968 |
| | C_定价 | -0.543 | 0.091 | 36.021 | 1 | 0.000 | 0.581 |
| | C_经验 | 0.615 | 0.097 | 40.111 | 1 | 0.000 | 1.849 |
| | X1*X2 | -0.962 | 0.200 | 23.172 | 1 | 0.000 | 0.382 |
| | X3 | -1.073 | 0.278 | 14.942 | 1 | 0.000 | 0.342 |
| 步骤 2 | C_结算 | -0.443 | 0.087 | 25.710 | 1 | 0.000 | 0.642 |
| | C_交易 | -0.781 | 0.098 | 62.975 | 1 | 0.000 | 0.458 |
| | C_搜寻 | -0.541 | 0.090 | 35.909 | 1 | 0.000 | 0.582 |
| | C_定价 | 0.621 | 0.096 | 42.021 | 1 | 0.000 | 1.860 |
| | C_经验 | -0.964 | 0.200 | 23.286 | 1 | 0.000 | 0.381 |
| | X1*X2 | -1.078 | 0.278 | 15.096 | 1 | 0.000 | 0.340 |

| 不在公式中的变量 | | | | | |
|---|---|---|---|---|---|
| | | | 分值 | 自由度 | 显著性 |
| 步骤 2 | 变量 | C_搜寻 | 0.144 | 1 | 0.704 |
| | 总体统计数据 | | 0.144 | 1 | 0.704 |

由于 Wald 统计量偏低，标识为"搜寻"的主成分在模型中未能显示出来，同样，逻辑回归等式中也省略了常量。如果模型中包含常量，常量的 Wald 统计量和显著水平应分别为 0.198 和 0.656。

灵敏度分析

基于主成分的变量拥有可比较的缩放比例，所以它们在模型预测值上的相对权重具有直观性。时间价值的作用，即 X1，X2 和 X3 等变量，不能与其他变量进行直接比较，因为它们的缩放比例不同。为了检验模型各变量的重要性，我们重新进行参数估算，每次估算时省去一个变量。然后，我们比对本次模型的正确估算结果与完整模型得出的预测值，根据二者之差来评估变量的重要性排序。例如，省去交易变量时，模型预测网购行为的正确率仅为70.6%，比完整模型 74.5%的正确率低 3.9 个百分点，如此类推，可判断各变量的相对权重。"交易"的影响最大，其次是"定价"，"经验"排第三，时间价值对模型预测正确率的影响最小，"结算"对模型预测正确率的影响显著性位居倒数第二，各变量的重要性排序见图 4。

我们根据构成模型基础的交易成本特征，执行模型灵敏度分析，对各主成分进行命名。交换与易验证性关联，经验与交易频率关联，结算则与交易不确定性相关，而时间价值则包含各交易成本维度中的成分。模型各变量及对应的交易成本特征见表 7。

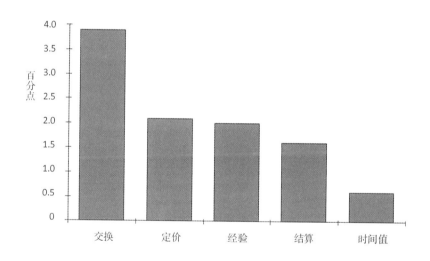

**图 4 模型灵敏度分析（去掉对应预测因子后模型预测准确度的变化）**

表7　模型各变量的相对权重和对应的交易成本经济要素

| 模型变量<br>（及其重要性排序） | 交易成本维度 | | | 购买价 |
|---|---|---|---|---|
| | 易验证性 | 不确定性 | 频率 | |
| 交换(1) | X | | | |
| 价格水平(2) | | | | X |
| 经验 (3) | | | X | |
| 结算(4) | | X | | |
| 时间价值(5) | X | X | X | X |

模型验证

问卷中，在关于受访者对购物渠道看法的问题中，有一个子问题询问受访者在六个月内是否有网购的打算。构建模型时，我们没有使用得出的变量，所以模型预测不会受到受访者网购可能性的影响。该变量被用来检验模型预测的效度。我们将受访者回答编码为 1 到 7，1 表示"非常可能"在六个月中网购，7 表示"绝对不可能"网购。

为了实施验证，受访者网购可能性被转换为二分变量，形成了一个新变量"网购意向"，回答为 1 至 3 编码成"是"，5 至 7 编码成"否"，回答为 4 编码成网购意向遗漏值。根据"网购意向"和模型预测结果制作出表8，因为"网购意向"变量不包含网购受访者的中立性意见，所以表6和表8的有效样本数量有差异。

表 8　使用"网购意向"验证模型

| 网购意向与模型预测的网购行为对照表 | | | | | |
|---|---|---|---|---|---|
| | | | 模型预测的网购行为 | | |
| | | | 否 | 是 | 总计 |
| 网购意向 | 否 | 人数 | 307 | 75 | 382 |
| | | 占比(%) | 80.4 | 19.6 | 100.0 |
| | 是 | 人数 | 89 | 195 | 284 |
| | | 占比(%) | 31.3 | 68.7 | 100.0 |
| 总计 | | 人数 | 396 | 270 | 666 |
| | | 占比(%) | 59.5 | 40.5 | 100.0 |

皮尔森卡方检验结果为 162.44，表明模型预测情况和"网购意向"之间存在相互依存关系。在自由度为 1 且风险值为 0.05 时，检验值为 3.84，因此我们可以得出变量之间不相互依赖的结论。此外，模型预测的网购行为和"网购意向"对照表的列联系数为 0.443，这为上述结论提供支撑。

结果汇总

对于消费者是否采用电子购物渠道，模型预测准确率高达 74.5%。根据表 6b "公式中的变量"的第二步，我们得出以下估算模型：

$$logit(\pi)$$
$$= \begin{cases} -0.443C_{结算} - 0.781C_{交换} - 0.541C_{定价} + 0.621C_{经验} - 0.964X_2 & (X_1 = 1 \text{ 时}) \\ -0.443C_{结算} - 0.781C_{交换} - 0.541C_{定价} + 0.621C_{经验} - 1.078 & (X_3 = 1 \text{ 时}) \\ -0.443C_{结算} - 0.781C_{交换} - 0.541C_{定价} + 0.621C_{经验} & (\text{其他情况}) \end{cases}$$

其中：

$C_{下标}$ 表示各个主成分，

如果可获取到明确折扣，则 $X_1 = 1$，否则 $X_1 = 0$；

$X_2$ 是受访者花一个小时网购要求的折扣量；

如果无论折扣多少都不网购，则 $X_3 = 1$，反之，$X_3 = 0$。

各变量的正负号均与模型设计保持一致，这一点非常有意义。结算和交换反映的是与电子购物相关的交易成本，结算和交换变量的值上升，消费者选择电子购物渠道的可能性就下降。定价反映的是电子市场上的价格更合算这一假设。定价变量的值较低，则意味着消费者赞同这一假设，反之则表明消费者网购可能性下降。经验变量的值（即交易频率的替代变量）上升，模型给出的电子购物预测值就变大。时间价值包含 $X_1$、$X_2$ 和 $X_3$ 三个变量，它们反映的是受访者认为要补偿电子交易所花时间必须要得到的折扣量。结果表明，这些变量准确印证了"买家越重视自己的时间，就越不愿意花时间购买便宜货"这一假设。

# 五、总结和讨论

本研究的主要目的在于检验交易成本经济学是否适合用来解释消费者在电子购物渠道使用方面的决策。为此，我们引入了一种框架，该框架主要覆盖构成电子市场交易的交易流程；随后我们根据框架设计了一份问卷，旨在了解受访者对易验证性、不确定性和交易频率等三大交易维度的态度；然后，我们对可以接触到电子市场的消费者进行了调查。调查结果表明，有电子购物经历的受访者和没有电子购物经历的受访者对相关问题的回答存在差异，这种差异可以为网购行为提供在统计上具有可辨别性的解释，因此得出结论，认为消费者对交易成本的感知差异确实会影响消费者在电子购物方面的决策。

本研究提出的模型在预测消费者是否会使用电子购物方面达到 75% 的正确率。模型不仅论证了交易成本对渠道选择决策的重要性，而且还估测出交易各维度的相对重要性。与交换过程相关的成本（易验证性）对消费者电子购物概率的影响最大，定价（即消费者感知到的电子购物渠道价格优势）和消费者经验（即交易频率）分列二三位，结算流程（不确定性）位居第四，受交易成本各维度影响的时间价值对电子购物概率影响最小。

许多研究都认为，搜寻成本低是电子市场兴起的主要原因，但本研究将搜寻作为变量纳入模型中，却发现搜寻的影响不具有统计显著性。尽管部分搜寻成本作为时间价值变量的一个组成部分，但模型给出的结果却表明，消费者并不认为传统市场和电子市场的交易搜寻成本存在显著差异。厄尔尼（Öörni, 2004）使用不同的问题进行了类似调查，结果发现消费者在使用电子渠道购物时，既不会增加搜寻量，也不会得到更好的搜寻结果，他认为这是因为电子市场的搜寻成本还不够低，尚不足以增加搜寻量。

本文模型主要在定价和频率变量方面存在局限性，因为定价变量的估计值来源于受访者感知到的传统和电子市场价格差异，所以定价变量即不包括价格水平，也不包括实际价格。而且，交易产品价格发生变化，交易成本也会随之变化。汉恩和特维施（Hann and Terwiesch, 2003）指出与电子商家达成交易时，网购消费者会面临摩擦成本，也就是网络交易过程中，如提交订单时，消费者遭遇到的负效用。他们发现，购买物品价格越高，摩擦成本就越高。本文模型还有一个局限，那就是没有对产品（即购买对象）加以控制，但是有些产品可能更适合通过电子渠道购买。故此，还需要在控制价格和购买产品的基础上，开展进一步研究。

在交易成本经济学术语中，交易频率是指交易反复发生的次数。因为本研究要对比网络消费者和传统消费者，但后者的电子购物频率无法测量，所以我们使用受访者的互联网使用情况及经验来代替交易频率。尽管通过代替处理得出的结果与先前研究结果一致，即网络用户经验越丰富，就越可能网购，但这并不是纯粹的交易成本经济学，因此有必要进一步研究交易频率的影响。

旅游服务业或许是很好的研究对象，因为在这个行业中，能轻松观察到价格差异和交易频率数据。旅游产业是电子销售领域的先行者，发展也非常迅速。今天，人们可以轻松找到同时经营传统和电子分销渠道的服务供应商，但在价格方面，后者更占有优势。所以，对旅游服务业进行研究，可以将价格差异和交易频率纳入本研究提出的模型。

电子零售属于新兴现象。比如，恩盖和瓦特（Ngai and Wat, 2002）认为，基于互联网形成的电子商务始于 1993 年，人们从各种各样的视角对电子商务进行研究。常等（Chang et al., 2005）对 45 篇网上购物实证研究进行综述，他们发现这些研究共涉及 86 个影响消费者网购行为和意图的自变量，但大部分研究只涉及一个变量，只有三篇涉及交易成本，这当中只有一篇（Liang and Huang, 1998）采用交易成本经济学理论，从交易成本的角度来研究产品特征，但没有研究交易本身。

张和俞（Teo and Yu, 2005）运用交易成本经济学理论来研究消费者在互联网上的购买行为，他们的研究没有考虑资产专属性和购买价格，但将不确定性和交易频率变量作为自变量，最终得出消费者网购决策受到交易成本影响的结论。从这一点看来，本研究运用整体交易成本经济学方法，是对相关研究方法的一种延伸。

消费者选择网购的原因或许很多，例如各类研究和媒体经常提及的价格更加实惠，购物体验更好，产品和服务更加多样等。本研究发现，消费者从传统购物方式转而进行网购，并非是受到某个单一因素的影响。实操人员和研究人员都能从本研究采用的购物渠道选择整体视角获益。尽管运用交易成本经济学解释消费者决策具有创新性，但研究结果亦在情理之中。归根结底，交易成本经济学能用来解释可比决策，例如市场提供的价格如果比内部生产更具优势，为什么公司有时候会限制市场采购？此外，诸如有限理性、不确定性及投机行为等能解释交易成本的行为特点或许也会影响消费者的决策。我们可以从消费者决策过程中观察到交易成本经济学的基本原则（总价=进价+交易成本），这样或许能帮助帮我们更好地研究消费者为什么会转而选择电子购物以及电子零售业为什么会取得成功。

（本文英文版见附录）

## 参考文献

Agarwal J & Wu T (2015) Factors Influencing Growth Potential of E-Commerce in Emerging Economies: An Institution-Based N-OLI Framework and Research Propositions. *Thunderbird International Business Review.* 57(3), 197-215.

Almunawar MN & Anshari M (2014) Applying Transaction Cost Economy to Construct a Strategy for Travel Agents in Facing Disintermediation Threats. *Journal of Internet Commerce.* 13(3-4), 211-232.

Bailey JP. 1998. *Intermediation and Electronic Markets: Aggregation and Pricing in Internet Commerce.* Ph.D., M.I.T.

Bakos JY(1997) Reducing Buyer Search Costs: Implications for Electronic Marketplaces. *Management Science.* 43(12), 1676–1692.

Benjamin R & Wigand R (1995) Electronic Markets and Virtual Value Chains on the Information Superhighway. *Sloan Management Review.* 36(2), 1.

Bogue R, Loughlin C & Loughlin C (2016) Growth in e-commerce boosts innovation in the warehouse robot market. *Industrial Robot: An International Journal.* 43(6).

Brynjolfsson E & Smith M (2000) Frictionless Commerce? A Comparison of Internet and Conventional Retailers. *Management Science.* 46(4), 563–585.

Bureau' USC 2007. U.S. Census Bureau Retail Indicators Branch(2007) Estimated Quarterly U.S. Retail Sales (Adjusted): Total and E-commerce.

Chang MK, Cheung W & Lai VS (2005) Literature derived reference models for the adoption of online shopping. *Information & Management.* 42(4), 543–559.

Che T, Peng Z, Lim KH & Hua Z (2015) Antecedents of consumers' intention to revisit an online group-buying website: A transaction cost perspective. *Information & Management.* 52(5), 588-598.

Clemons EK, Jin F, Wilson J, Ren F, Matt C, Hess T & Koh N (Year) Published. The Role of Trust in Successful Ecommerce Websites in China: Field Observations and Experimental Studies.System Sciences (HICSS), 2013 46th Hawaii International Conference on, 7-10 Jan. 2013 2013. 4002-4011.

Coase RH (1937) The Nature of the Firm. *Economica, New Series.* 4(16), 386–405.

Daniel E & Klimis GM (1999a) The Impact of Electronic Commerce on Market Structure: An Evaluation of the Electronic Market Hypothesis. *European Management Journal* 17(3), 318-325.

Daniel E & Klimis GM (1999b) The impact of electronic commerce on market structure:: An evaluation of the electronic market hypothesis. *European management journal.* 17(3), 318-325.

Denale R & Weidenhamer D 2016. Quarterly Retail E-Commerce Sales. *U.S. Census Bureau News.* Washington DC: US Department of Commerce.

Einav L, Farronato C, Levin J & Sundaresan N 2016. Auctions versus Posted Prices in Online Markets. Working paper, Stanford University.

Hann I-H & Terwiesch C (2003) Measuring the Frictional Costs of Online Transactions: The Case of a Name-Your-Own-Price Channel. *Management Science.* 49(11), 1563–1579.

Hoffman DL, Novak TP & Marcos P (1999) Building Consumer Trust Online. *Communications of the ACM* 42(4), 80–85.

Liang TP & Huang JS (1998) An empirical study on consumer acceptance of products in electronic markets: a transaction cost model. *Decision Support Systems* 24(1), 29–43.

Malone TW, Yates J & Benjamin RI (1987) Electronic Markets and Electronic Hierarchies. *Communications of The ACM.* 30(6), 484-497.

Malone TW, Yates J & Benjamin RI (1989) The Logic of Electronic Markets. *Harvard Business Review.* 67(3), 166-172.

Ngai Ewt & Wat Fkt (2002) A literature review and classification of electronic commerce research. *Information & Management* 39(5), 415-429.

Nissen ME (1997) The Commerce Model for Electronic Redesign. *Journal of Internet Purchasing.* 1(2).

ÖÖRNI A (2004) Consumer Objectives and the Amount of Search in Electronic Travel and Tourism Markets. *Journal of Travel & Tourism Marketing.* 17(2-3), 3–14.

Portal STS. 2016. *Digital Buyer Penetration Worldwide* [Online]. Hamburg, Germany: Statista GmbH. Available: http://www.statista.com/.

Renko S & Popovic D (2013) Overcoming perceptions of uncertainty and risk in e-retailing. *Business Logistics in Modern Management.* 13(23-31.

Rindfleisch A & Heide JB (1997) Transaction Cost Analysis: Past, Present, and Future Applications. *Jounal of Marketing.* 61(4), 30-54.

Sharma S (1996) *Applied Mutlivariate Techniques.* New York, John Wiley & Sons, Inc.

Shelanski HA & Klein PG (1995) Empirical Research in Transaction Cost Economics: A review and Assessment. *Journal of Law, Economics and Organization* 11(2), 335–361.

Strader TJ & Shaw MJ (1997) Characteristics of electronic markets. *Decision Support Systems* 21(3), 185-198.

Strader TJ & Shaw MJ (1999) Consumer cost differences for traditional and Internet markets. *Internet Research.* 9(2), 82-92.

Taloustutkimus 2001. Internet Tracking 2-7/2001, Absolute figures Helsinki, Finland: Taloustutkimus Oy.

Teo Tsh & Yu Y (2005) Online buying behavior: a transaction cost economics perspective. *Omega.* 33(5), 451-465.

Warrington TB, Abgrab NJ & Caldwell HM (2000) Building trust to develop competitive advantage in e-business relationships. *Competitiveness Review* 10(2), 160–168.

Williamson OE (1975) *Markets and Hierarchies, Analysis and Antitrust Implications.* New York, New York, The Free Press.

Williamson OE (1979) Transaction-cost Economics: The Governance of Contractual Relations. *The Journal of Law & Economics.* 22(2), 233–261.

Williamson OE (1981) The Economics of Organization: Transaction Cost Approach. *American Journal of Sociology.* 87(3), 548–577.

Williamson OE (1985) *The Economic Institutions of Capitalism.* New York, New York, The Free Press.

Zhang Y, Bian J & Zhu W (2013) Trust fraud: A crucial challenge for China's e-commerce market. *Electronic Commerce Research and Applications.* 12(5), 299-308.

# 电子商务企业的市场战略群分析：
# 基于团购网站的实证研究

王　锐　周小宇　刘　帆①

**摘　要：** 本文采用企业战略群的概念，探讨国内电子商务企业的市场战略群模式。作者通过选取团购网站行业作为研究样本，收集了 130 家团购网站企业层面的一手数据和其他第三方专业机构行业数据。研究发现目前团购网站行业可以根据产品战略和品牌战略划分为四个主要的战略群：利基市场战略群、多样化市场战略群、产品品牌战略群和平台品牌战略群，并且这些战略群之间存在着显著的绩效差异。这有助我们对团购网站行业结构和发展态势的深入了解。同时战略群中所采用的市场营销活动对企业绩效有着显著的影响作用。最后，本文讨论了研究结果对电商网站企业资源分配的建议以及对电子商务行业的异质化发展模式的启示。

**关键词：** 战略群；电子商务；团购网站；市场战略

①王锐，博士，北京大学光华管理学院市场营销系副教授，美国宾州州立大学市场营销学博士。主要研究方向是 B2B 市场营销、营销渠道管理、电子商务等。已主持国家自然科学基金青年基金和面上基金各 1 项。已发表 SCI/SSCI 论文 15 篇，其中包括国际 A+类期刊、UT 达拉斯 24 种商学核心期刊 (Strategic Management Journal, Journal of Marketing Research,)论文 2 篇，澳大利亚商学院院长联席会议(ABDC)认定的 A*期刊论文 4 篇，A 期刊论文 1 篇，B 期刊 3 篇。现任国际 SSCI 期刊副主编（Associate Editor, Journal of Business-to-to Business Marketing），国内学术期刊专业主编（营销科学学报，JMS），中国管理现代化研究会营销专业委员会常务理事，中国高等院校市场学研究会博士生工作委员会秘书长。周小宇，博士，上海科技大学助理教授。刘帆，硕士，高盛高华证券有限责任公司行业研究部。致谢：本文作者感谢国家自然科学基金面上项目（71272006）对本文作者的资助。

# 一、引　言

电子商务近年来的迅猛发展推动了中国网络经济的增长。然而，在电子商务快速发展的同时，电商企业同质化的商业模式和恶性竞争也给整个电子商务行业的快速健康发展带来了很大的隐患，比如团购网站的加速倒闭。例如，2011 年，国内团购网站中倒闭的网站达到 1960 家，而同期新增的团购网站数量仅有 66 家。这一连串的团购网站接连关门歇业，在一定程度上反映出了中国电子商务企业发展缺乏异质化的战略发展和市场管理模式。

然而，在目前的研究中，目前学术界对于电子商务模式的研究十分有限，而且已有的研究主要集中在描述电子商务的消费者调研，对于电子商务企业的战略和绩效的关系研究仍然是十分匮乏。然而企业的战略直接影响着电商网站在市场竞争中的绩效，所以研究电商网站的市场战略，具有重要的学术和实践意义。本文试图从战略群（Strategic Group）的视角对电子商务企业（以团购网站为例）异质化的市场管理模式进行分析，期望能对电子商务行业异质化的战略发展模式有更深入的理论理解。

团购网站目前正逐步显现出异质化的战略群迹象。一些团购网站，例如拉手网、美团等，通过打造综合类网上团购平台吸引流量，并借助风险投资的力量扩大运营规模，提高资金使用效率；另一些团购网站，例如大众点评网、糯米网等，通过利用自身母公司的商户资源或者客户资源提升用户体验，从而扩大消费商机；还有一些团购网站专注于某一行业产品或者单一的客户群体，如团票网、婚嫁网等。这种团购网站的市场战略"群分化"现象，体现了初步战略群的特征。这些战略群的差异有助于我们分析企业竞争中的相对竞争优势及其来源，从而使得我们能够更好为企业如何制定竞争战略和分配企业资源做出判断。因此，我们借助战略群的分析视角来研究团购网站战略发展状况。

本文根据战略群的相关理论文献，结合业内专家访谈，从 130 家团购网站收集一手数据并整合一些第三方独立机构的数据，如百度指数和艾瑞研究等，对中国的团购网站行业企业市场营销战略进行分析。我们的分析结果表明，团购网站的主要市场战略体现在产品战略和品牌战略上。根据产品战略划分，可以分为利基市场战略群和多样化市场战略群；根据品牌战略划分，可以分为产品品牌战略群和平台品牌战略群。这四大主要的战略群之间存在着显著的绩效差异。其中，平台品牌战略群的绩效表现最为优秀，其次是多样化市场战略群，接下来是产品品牌战略群，而利基市场战略群的绩效表现最为逊色。

本文结构安排如下：在第二节中，我们回顾了战略群划分和战略群绩效的相关研究，为团购网站的行业发展态势提供分析视角；接着，我们基于相关的市场营销战略研究理论，分析市场营销策略组合对企业绩效进行影响，并发展相应的假设。第三节介绍样本数据的采集和分析方法。第四节报告数据分析的结果，对假设进行检验。第五节讨论本研究的理论贡献和管理启示，指出本研究存在的局限并对未来研究提出建议。

## 二、文献回顾与实证假设

### （一）战略群理论的文献回顾

企业战略群的研究源自对企业的战略行为的探究。企业战略群的概念最早是由 Hunt 提出的，用于描述一个行业的企业之间存在同质性的企业战略。Hunt（1972）对 20 世纪 60 年代高度集中并且竞争激烈的美国家电企业进行研究时，观察到家电企业间有着稳定的行为差异，例如产品多样化、渠道安排，而这些差异在一些企业中又有着相似的地方。Hunt 进而提出战略群这一学术概念来代表一群在战略维度上展现出相似行为的企业。在 Hunt 之后，企业战略群研究受到了战略管理学界的广泛重视。之后的学者对战略群的研究也发现，行业中相互竞争的企业，所采用的竞争战略有一定的相似性，并且可以通过这些相似性将企业划分成若干个战略群，而且这些不同的企业战略群之间存在着显著的绩效差异。后续研究提出的战略群理论认为，同一战略群里的企业，会共享某种战略群标识（Strategic Group Identity），它代表着一个群内的企业成员对这个企业群中心的、持久的和独特的特点的一系列共识。Peteraf 和 Shanley（1997）强调这种共识代表了一个战略群组中成员的中心特点，并且区别于其他战略群组里的成员。

在对企业战略群的研究中，学者发现企业的战略群可以根据企业很多方面的因素进行分类，例如成本结构、产品多样化程度、组织结构以及企业的战略侧重点等。Hunt（1972）通过选取垂直整合程度，产品差异化程度以及产品多样化程度这三个维度作为划分企业战略群的依据来对美国家电企业进行战略群的分类。后续的研究中学者们提出可以根据不同的实证研究情境来提出战略构建。有些学者将战略构建在一个相对狭窄的层面（例如关注公司一个方向的战略，比如市场营销战略）。另一些学者将战略构建在一个相对宽广的层面，例如公司的多维度战略。

（二）团购网站的市场战略群

市场战略经常会被作为重要的企业战略变量进行战略群分组。Wind 和 Robertson（1983）认为研究市场营销战略能解释或者说明企业在激烈的商业环境中的变化。而且，不同的企业会有不同的市场营销导向和战略。团购网站是一种终端销售，而产品和品牌，都是影响终端零售消费者购买意向的重要因素。这两个构成了团购网站的最重要的两个市场战略：产品战略和品牌战略。

从团购网站的产品战略来看，可以分为两大主要群。一些团购网站采用的是多样化的产品战略，特点体现在向团购消费者提供类型非常多样化的产品（或服务）。例如像京生活团购网，这个网站向在线的消费者提供了满足生活方方面面的从日常用品到家电设备等综合产品服务。这一类多样化市场的战略群网站关注于通过产品的多样化选择来吸引消费者的购买。另一些团购网站采用产品种类集中的战略，提供专一品类的产品（或服务）或者针对某一同质的需求市场。团票网就是一个专注于票务市场的团购网站，向在线的消费者提供各类的电影、戏剧和体育赛事等票务服务。而这种多样化市场的战略群网站则表现出对于专业化的产品市场的显著特征。

从团购网站的品牌战略来看，也可以分为两大主要群。一些团购网站关注所销售的产品品牌知名度与品牌印象。例如饭统网向在线消费者提供各地的知名热门美食餐厅的团购和预订服务。这一类产品品牌的战略群网站的关注重点在于提供产品的品牌上。另一些团购网站的战略重点在于搭建团购商务平台的品牌，我们可以将其命名为平台品牌的战略群。它们都是知名互联网企业旗下的子公司或者引入了知名互联网企业的战略投资和知名的风投和私募投资机构，并强势布局媒体公共关系和广告宣传，同时加强服务保障体系建设这个群可以依靠的知名互联网企业为其集聚商户资源。例如大众点评团借助母公司大众点评网的强大资源基础，向在线消费者提供餐饮的团购服务。

我们提出本研究的假设 1：

假设 1：团购网站企业中存在着不同的市场战略群。

（三）战略群绩效的文献回顾和团购网站战略群的绩效差异

战略群之间的绩效差异研究也是战略群研究关注的热点。学者们认为战略群之间应该存在着显著的绩效差异，因为不同的战略群所使用的是不同的战略，其中应当能够有些战略会比另外一些战略更能够给企业带来更强的竞争优势，从而使得具有这些较优战略的成员企业获得更好的经营绩效，并且在短时间内这个绩效差异是稳定的。但是从长期动态的角度来看，确实有一些战略群能够存活下来并且做大做强，而另外一些战略企业则没能够经受住时间的考验，渐渐地衰弱甚至消亡。Fiegenbaum 和 Thomas（1990）对保险行业 1970~1984 年的 33 家企业的研究表明战略群之间存在着绩效差异，并且这些绩效差异随着时间而变化。Osborne 等（2001）的研究发现，管理心态的不同能够影响不同的战略群之间的绩效差异。Fiegenbaum 与 Thomas（1995）的研究则进一步指出，这些战略群的绩效差异与他们的演化路径相关。而环境的变化也会对企业战略群之间的绩效差异造成很大的影响。

对于团购网站的市场营销战略群而言，绝大多数网站都是面向全体的互联网用户的销售终端，并且在时间上也具有一致性的特点。而各自网站由于资源和能力的不一致，在市场营销战略上也有侧重，但策略的侧重点不同可能会导致商品对消费者的吸引力有所差异，从而会对绩效产生影响。例如，在 Slater 和 Narver（1993）对 Miles 和 Snow（1978）提出的四种战略类型进行分析发现，在四种类型的企业中之中，不同的营销策略对企业绩效具有各异的影响作用。所以，我们认为团购网站市场战略群之间有绩效的差异。因此，我们提出本文研究的假设 2：

假设 2：团购网站的不同市场战略群之间存在着显著的绩效差异。

在以产品战略为主的团购网站中，两个不同的战略群（例如，利基市场战略群和多样化市场战略群）关注产品的多样性程度并不一样。利基市场战略群的团购网站向消费者提供单一品类的产品，这样的产品提供会给消费者带来是行业专家的感觉，这样体现出专业化更能够吸引对产品感兴趣的消费者的购买。但在产品价格方面中等偏上，折扣力度一般，折扣力度变动较小。

这样的战略会让团购网站具有一定竞争优势。而多样化市场战略群的网站关注的是产品多元化策略。网站希望通过更为多元化的产品来提高消费者满意度和忠诚感。例如在美团等网站中，提供了琳琅满目各式各样的商品供消费者进行选择。对于大多数的团购网站而言，提供的产品和服务的多样性能够提供消费者选择的灵活性和自由度，这样可以有效提高消费者的感知价值，从而影响消费者的大量购买。而且在产品价格上折扣力度大，变动也较小，折扣后价格很低。这种多元化的产品战略同样会对团购网站的绩效有着积极的影响作用。

团购网站作为一种新型的网络购物模式，它的定位在通过大批量购买获得优惠的价格，进而吸引消费者这样一种具有规模效应的盈利模式。而且，关于团购网站的消费者研究也表现出团购网站的消费者是具有"乐于冒险和求知，贪图方便和物美价廉"的特点。所以，面临这样一群消费群体，更多样化的选择和更大量的商品购买能够使得网站获得更好的绩效。从另一方面看，团购网站所提供的打折优惠价格，容易也让消费者产生对产品质量的负面预期，并不有利于专业性较高的产品销售。所以，我们认为在产品战略的维度上，多样化市场战略群的团购网站相比利基市场战略群的团购网站更容易获得消费者的青睐。因此，我们提出本文研究的假设3：

假设3：多样化市场战略群团购网站的绩效会更优于利基市场战略群团购网站的绩效。

品牌战略维度划分的两个战略群在品牌战略上各有自己的侧重点。产品品牌战略的团购网站关于所提供的商品和服务是否来自于知名品牌的制造商或服务提供商。例如在饭统网网站提供的大众饮食服务都是来自于较为高档或者很有口碑的餐饮服务单位。这些具有知名商家"背书"的产品降低了消费者对产品由于价格改变所带来的质量降低的担心，能够有效提高消费者对产品和服务的购买。所以，团购网站提供的产品的知名度也会成为影响消费者购买的因素。这样的战略侧重能够提供商品具有较高的品牌知名度的商家，从而能够在短时间内吸引到消费者的青睐，从而能够获得更好的企业绩效。而关注团购平台品牌效应的平台品牌战略群的关注重点在于网站的客户资源基础以及客户对网站的品牌认知和品牌印象上。这样的战略侧重是一种长期的发展战略，能够使得网站不断关注自身的品牌建设与客户资源的开发，能够培养消费者对网站的忠诚感。同样地，这种战略侧重也能够为团购网站绩效带来积极的影响作用。

对于团购网站而言，网站的绩效决定于消费者的认知和购买倾向，所以团购网站的品牌资产更多体现在网站的客户资源基础以及客户对网站的品牌认知和品牌印象上。这就是营销研究上的客户依赖型品牌资产。客户依赖型品牌资产是指客户对企业品牌有一定的认知度，这种企业品牌认知度在降低消费者的感知风险的同时，能够培养消费者对企业品牌喜爱的态度，进而提高消费者对企业品牌的忠诚度。团购网站借助母公司的知名品牌为销售服务背书，降低消费者感知的风险。同时，还可以基于母公司的客户资源平台延伸出来在团购上的客户基础，同时采用更多的渠道来接触消费者。例如大众点评、58 同城，还有像京东网、淘宝网这种大电商里面分离出来的作为业务模块的团购模式，通过利用自身母公司的客户资源转化到新启动的团购服务之中，扩充自己的团购客户资源。

因此，我们认为，在品牌战略上，关注长期发展的平台品牌战略群的团购网站绩效会更优于关注产品品牌战略群的团购网站绩效。我们提出本文研究的假设 4：

假设 4：平台品牌战略群团购网站的绩效会更优于产品品牌战略群团购网站的绩效。

## 三、研究方法与数据

### （一）研究样本与数据收集方法

由于团购网站行业是个新型互联网应用行业，企业经营数据和财务数据的可获得性并不高。因此，本文研究使用的是基于团购网站的一手数据和其他第三方的相关数据。关于团购网站样本的数据，我们是通过团购导航网站"团 800"上的团购网站列表随机抽取的，共 130 个团购网站的北京子站点。并且出于数据完备性的考虑，我们选取了 2010 年 9 月全月 30 天的团购交易量一共 3870 个观察数据点。本文研究所使用的一手数据是从团购网站上获得的。除了从团购网站上获得的一手数据外，我们还从一些第三方渠道（如百度指数）取得了团购网站相关数据，并且采用截止日期在 2010 年 9 月之前的数据从而与一手数据相匹配。通过整合这些数据，我们获得了本文研究的最终数据。

（二）变量测量

在形成战略群组的方法方面，主要有两种方法。有些学者基于大量的理论和原理事先详细说明一个战略群组应该具备的特点，随后再应用数据分析技术来确定和验证他们事先确定好的战略群组的有效性[16]。这是一种前向推进的方法。相反，另外一些学者则是基于从具体的数据集中得到的实证结果来推导分组的结构。这是一种后向推导的方法。后向推导的方法反映了一种归纳性的方法（数据驱动型），现在成为一种较为主流的方法。本文研究通过统计方法来对团购网站进行战略群的区分，具体的统计方法我们会在下一部分加以详细说明。

而在战略群的营销组合策略方面，根据前述对团购网站行业的分析，我们发现团购网站的市场营销与传统行业有较大的区别。我们进行了一个专家访谈，邀请了互联网公司、证券公司和风险投资和私募基金的一些专家进行沟通讨论，对团购网站的市场战略中应该包含的变量进行讨论和确定。表 1 展示了整合后数据的变量及其测量方法。

### 表 1　数据变量及测量方法

| 战略维度 | 变量名 | 测量 |
|---|---|---|
| 企业绩效 | 月度销售额 | 见上方公式 1 |
| | 月度参与人数 | 见上方公式 2 |
| 产品战略 | 折扣 | 一个月内团购产品平均的折扣 |
| | 折扣后价格 | 产品（或服务）最终的折扣价格 |
| | 折扣力度变动 | 一个月内发起团购的产品所打折扣的标准差 |
| | 产品多样化 | 团购的产品类型个数。 |
| | 产品聚焦 | 产生最大交易额的大类产品交易额占全月总交易额的比例。 |
| 品牌战略 | 产品品牌知名度 | 大众点评网中用户对品牌的打分。评分范围为 1-5 |
| | 品牌聚焦 | 知名品牌产生的交易额占全月总交易额的比例。知名品牌是指品牌知名度在 4 分以上的品牌。 |
| | 公共关系 | 百度指数中记录的团购网站的媒体关注度 |
| | 广告宣传 | 梅花网中记录的团购网站在报刊、户外、网络和电视打广告的渠道的总个数 |
| | 股东支持力度 | 这个变量分为两个子变量。1.是否有股东（包括 PE、VC、母公司）支持？ 2.股东是否知名？（决定该股东是否知名由专家访谈决定） |
| | 服务保障体系 | 团购网站获得的资质认证个数 |
| | 自建渠道 | 团购网站拥有主页的 SNS 营销渠道（包括新浪微博、人人网、开心网等）总个数 |
| | 用户分享渠道 | 用户可以自己选择分享团购信息的 SNS 营销渠道总个数 |

　　我们针对市场战略的两大主要维度，并且结合团购网站行业的现状，根据研究需要来对每个营销维度进行定义和测量。此外，团购网站提供折扣力度的波动程度也有可能会影响用户是否能够长期活跃于团购网站。在团购网站的两个主要战略维度上，首先在产品战略方面，由于团购网站提供的产品都有相对优惠的价格，我们关注价格折扣力度和折扣价格。协商的价格折扣低，对用户的吸引力就大。然后我们重点关注团购活动的产品（或服务）类型是否多样化。在品牌战略方面，我们关注在网站上开展团购活动的产品（或服务）品牌是否知名以及网站的自身平台品牌建设，包括团购网站的渠道策略重点在于使消费者得到其团购产品信息的渠道，是否突出团购网站在于公关关系、广告上的投入，以及第三方独立机构对其的评估。最后，由于大量的资金投入团购网站行业，投资股东的知名度也成为团购网站形象的重要指标。

　　对于团购网站的企业绩效，我们采用团购网站的销售额和活动参与人数作为衡量网站绩效的两个指标。团购网站的绩效指标数据也是从初始数据中计算得来的。

$$\text{团购网站的月度销售额} = \sum_{i=1}^{30} p_i \times d_i \times N_i \tag{1}$$

$$\text{团购网站的月度参与人数} = \sum_{i=1}^{30} N_i \tag{2}$$

　　其中：i 为天数（i=1，2，…，30）；

　　　　　p 为当天团购的产品（或服务）的原价；

　　　　　d 为当天团购的产品（或服务）适用的折扣；

　　　　　N 为参与当天团购的产品（或服务）的人数。

　　表 2 展示了团购网站的市场营销组合数据的描述性统计结果。从表 2 可以看出，团购网站在市场营销战略的各个变量上是存在着一定的差异。这从一个侧面上意味着团购网站行业可能存在若干个不同的战略群，呈现出较为不同的市场营销战略。

表 2　各变量均值、方差和相关系数矩阵

| 变量 | 1 | 2 | 3 | 4 | 5 | 6 | 7 | 8 |
|---|---|---|---|---|---|---|---|---|
| 产品多样性 | | | | | | | | |
| 产品聚焦 | -0.80** | | | | | | | |
| 品牌知名度 | 0.03 | 0.01 | | | | | | |
| 品牌聚焦 | -0.42** | 0.53** | 0.56** | | | | | |
| 折扣 | -0.22* | 0.23** | 0.03 | 0.16† | | | | |
| 折扣后价格 | -0.09 | 0.15† | 0.01 | 0.03 | 0.01 | | | |
| 折扣力度变动 | 0.36** | -0.36** | -0.09 | -0.31** | 0.16† | -0.17† | | |
| 公共关系 | 0.31** | -0.2* | 0.19* | -0.08 | -0.04 | -0.04 | 0.01 | |
| 广告宣传 | 0.14 | -0.13 | 0.12 | -0.05 | 0 | -0.03 | 0.03 | 0.50** |
| 是否有股东 | 0.29** | -0.17** | 0.19** | -0.05** | -0.13** | 0.08** | -0.07** | 0.38** |
| 股东是否知名 | 0.26** | -0.18* | 0.25** | 0.01 | -0.11 | -0.04 | -0.08 | 0.47** |
| 服务保障体系 | 0.49** | -0.28** | 0.28** | -0.08 | -0.17† | 0.07 | 0.01 | 0.51** |
| 自建渠道 | 0.37** | -0.25** | 0.14 | -0.14 | 0 | 0.11 | 0.12 | 0.3** |
| 用户分享渠道 | 0.18* | -0.09 | 0.06 | -0.12 | -0.05 | 0.09 | 0.01 | 0.19** |
| 参与人数 | 0.47** | -0.32** | 0.21* | -0.10 | -0.10 | -0.07 | 0.04 | 0.45** |
| 销售额 | 0.6** | -0.44** | 0.21* | -0.19* | -0.06 | 0.01 | 0.08 | 0.63** |
| M | 7.38 | 0.56 | 2.69 | 0.40 | 0.33 | 93.29 | 0.18 | 2.11 |
| S.D. | 4.33 | 0.26 | 0.69 | 0.27 | 0.09 | 101.87 | 0.06 | 8.32 |

续表

| 变量 | 9 | 10 | 11 | 12 | 13 | 14 | 15 | 16 |
|---|---|---|---|---|---|---|---|---|
| 产品多样性 | | | | | | | | |
| 产品聚焦 | | | | | | | | |
| 品牌知名度 | | | | | | | | |
| 品牌聚焦 | | | | | | | | |
| 折扣 | | | | | | | | |
| 折扣后价格 | | | | | | | | |
| 折扣力度变动 | | | | | | | | |
| 公共关系 | | | | | | | | |
| 广告宣传 | | | | | | | | |
| 是否有股东 | 0.28** | | | | | | | |
| 股东是否知名 | 0.40** | 0.72** | | | | | | |
| 服务是否保障体系 | 0.28** | 0.4** | 0.42** | | | | | |
| 自建渠道 | 0.11 | 0.33** | 0.22* | 0.47** | | | | |
| 用户分享渠道 | 0.05 | 0.12 | 0 | 0.36** | 0.53** | | | |
| 参与人数 | 0.22* | 0.40** | 0.43** | 0.56** | 0.33** | 0.13 | | |
| 销售额 | 0.31** | 0.43** | 0.53** | 0.56** | 0.38** | 0.11 | 0.81** | |
| M | 0.21 | 0.20 | 0.12 | 0.43 | 1.70 | 4.72 | 13.65 | 9.08 |
| S.D. | 1.27 | 0.40 | 0.32 | 0.96 | 1.72 | 1.53 | 1.82 | 1.58 |

$N = 130$; $^{\dagger}p < 0.10$; $*p < 0.05$; $**p < 0.01$

# 四、实证分析结果

本研究将主要采用聚类分析与方差分析两种数据统计分析方法。与前人的研究相一致，我们首先运用聚类分析来将团购网站进行战略群分类，并决定所研究的团购网站的战略群归属。其次，我们使用方差分析（ANOVA）验证战略群之间以及战略群内部成员之间是否存在绩效差异。最后，我们进一步分析市场营销组合活动变量对团购网站绩效的影响作用。

（一）战略群的存在和识别

我们通过统计软件 SPSS16.0 中进行聚类分析，我们将团购网站的市场营销组合变量加入作为划分战略群的重要指标。在分析方法上，我们采用 Ward 聚类法来进行一个探索分析，探索可行的类别数。Ward 聚类法的并类过程如表 3 所示。

表 3    Ward 聚类法的并类过程

| NCL | SPRSQ | RSQ |
|-----|-------|-----|
| ... | ... | ... |
| 8 | 0.03 | 0.78 |
| 7 | 0.03 | 0.75 |
| 6 | 0.05 | 0.69 |
| 5 | 0.06 | 0.63 |
| 4 | 0.07 | 0.57 |
| 3 | 0.16 | 0.41 |
| 2 | 0.19 | 0.22 |
| 1 | 0.22 | 0.00 |

从上表的结果中，我们可以看出，聚类的类别数为 4 较为合适。表 3 中，NCL 表示聚类的编号；RSQ 为复相关系数平方，即 $R^2$ 统计量；SPRSQ 表示半偏复相关系数平方，即半偏 $R^2$ 统计量。根据表 3，$R^2$ 统计量用于评价每次合并 NCL 个类时的聚类效果。$R^2$ 越大说明 NCL 个类越分开，即聚类的效果好。$R^2$ 的值在 0 与 1 之间，且 $R^2$ 的值总是随着分类个数 NCL 的减少而变小。通过表中 $R^2$ 的值可以看出在分为 4 类前（NCL>4）的并类过程中 $R^2$ 的减少是逐渐的，改变不大；当分为 4 类时 $R^2$=0.57 而下一次合并后分为 4 类时的 $R^2$ 下降较多（$R^2$=0.41），通过该指标分析可知分为 4 类是合适的。根据半

偏 $R^2$ 准则，从 4 类合并为 3 类时，有较大的信息损失值（由 0.06 变为 0.16），根据该准则分为 4 个类较合适。

通过上面的分析，我们可以确定所研究的团购网站样本中存在 4 个战略群组，即 130 家团购网站可以分为 4 种类型的市场战略群。战略群 1 包含 13 个网站，占全部的 10%；战略群 2 包含 57 个网站，占 44%；战略群 3 包括 29 个网站，占 22%；而战略群 4 包括 31 个网站，占 24%。因此，假设 1 中关于战略群划分得到支持。我们在接下来进一步的分析中将四个不同的战略组的战略进行了总结，见下图 1 团购网站市场营销战略群组。

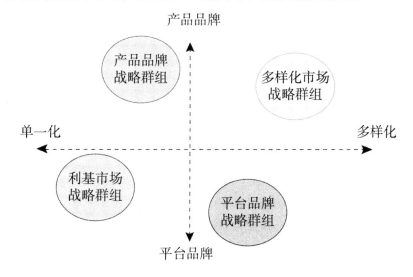

| 战略维度 | 产品战略 | | 品牌战略 | |
|---|---|---|---|---|
| 战略群组 | 利基市场<br>战略群组 | 多样化市场<br>战略群组 | 产品品牌<br>战略群组 | 平台品牌<br>战略群组 |
| 市场战略变量及其水平 | 产品多样化低，而且主要集中在单一产品品牌，关注较为需求单一的市场 | 产品多样化丰富<br>产品的品牌知名度高<br>折扣力度大 | 产品主要为单一品类产品的品牌知名度高 | 股东支持力度高，知名互联网企业战略投资<br>宣传力度大<br>自建渠道多<br>用户分享渠道多<br>折扣力度大 |

**图 1　团购网站市场营销战略群组**

（二）战略群之间的绩效差异性分析

基于上面对团购网站战略群的区分，我们进一步对战略群之间的绩效差异性进行分析。我们通过采用销售额与团购参与人数这两个绩效指标对战略群进行单因素方差分析（One-way ANOVA）。在单向方差分析之前，我们对不同战略群的绩效指标——销售额和团购参与人数进行描述统计。不同战略群的绩效指标均值和标准差如表4所示。

表4　不同战略群的绩效指标的描述统计结果

| 团购网站绩效指标 | | 战略群名称 | 均值 | 标准差 |
|---|---|---|---|---|
| 销售额 | 产品战略 | 利基市场战略群 | 10.51 | 1.06 |
| | | 多样化市场战略群 | 13.66 | 1.10 |
| | 品牌战略 | 产品品牌战略群 | 12.66 | 0.97 |
| | | 平台品牌战略群 | 15.85 | 0.69 |
| 团购参与人数 | 产品战略 | 利基市场战略群 | 6.47 | 0.90 |
| | | 多样化市场战略群 | 9.05 | 0.95 |
| | 品牌战略 | 产品品牌战略群 | 8.33 | 1.09 |
| | | 平台品牌战略群 | 10.92 | 0.81 |

从描述统计来看，四个战略群之间在团购销售额和团购参与人数方面还是存在一定的绩效差异的。而且，在企业绩效的两个指标上都表现出较为一致的结论。那么这种绩效差异是否是显著的呢？我们对战略群分类后的数据进行单因素方差分析（ANOVA）。统计结果如表5所示。

表5　战略群之间绩效的单因素方差分析结果

| 因变量 | 自变量 | 自由度（d.f.） | F 值 | P 值 |
|---|---|---|---|---|
| 销售额 | 战略群类别数（cluster_num） | 3 | 105.60 | 0.000 |
| 参与人数 | 战略群类别数（cluster_num） | 3 | 77.34 | 0.000 |

以销售额为因变量的方差分析结果表明四个战略群之间的绩效存在着显著的差异（$F(3, 126)=105.60$, $p<0.01$），类似地，以参与人数为因变量的方差分析结果表明战略群之间也存在着差异（$F(3,126)=77.34$, $p<0.01$）。因此，不同战略群之间的绩效指标，销售额和团购参与人数并存在显著的绩效差异，支持了我们的假设2 。

这个结果说明，不同的战略群所使用的市场营销组合战略在一定程度上都能够带给战略群成员企业一定的竞争优势，从而使得成员企业在激烈的团购行业竞争中获得一席之地。不同的战略群所使用的市场营销组合战略的确影响着团购网站的绩效。前面的描述统计也表明，在产品战略维度上，多样化市场群网站的绩效优于利基市场战略群的绩效。这个结果支持我们的研究假设 3。而在品牌战略维度上，平台品牌战略群的网站绩效也要优于产品品牌战略群的网站，支持了我们的研究假设 4。综合看来，在团购网站的四个主要战略群中，利基市场战略群的绩效与多样化市场战略群、产品品牌战略群和平台品牌战略群的绩效并不在同一水平上。结合第二部分的数据分析结果，我们可以发现，关注平台品牌的战略群网站绩效最为优秀，其次是关注多样化市场的战略群，然后是关注产品品牌的战略群，而利基市场战略群的网站绩效表现略微逊色（见图 2）。

接下来的研究分析中，我们将通过对这些战略群所采用的市场活动进行分析，进一步深入探讨这四个主要的战略群绩效差异的原因。

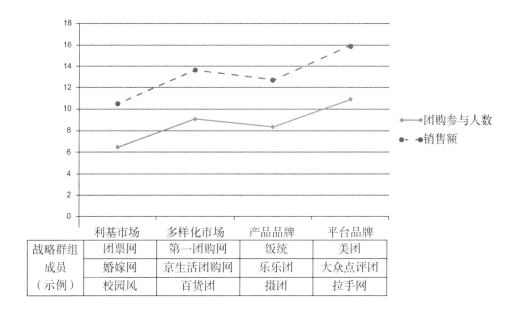

图 2　四大战略群之间的绩效差异

（三）后续分析：战略群中的市场营销组合战略对团购网站绩效影响作用

接着上文中对战略群的区分，我们接下来对战略群中的市场营销活动对网站的绩效的影响作用进行分析。我们应用多因素协方差分析的方法在营销活动组合与团购网站绩效之间建立回归模型。

我们利用全部数据对此变量筛选预测模型对团购网站的市场营销活动变量与团购网站的绩效之间的关系（销售量和参与人数）进行估计。在模型估计中，我们控制了战略群变量的影响。在数据分析方法上，我们采用了变量筛选预测模型分析，我们使用的标准是 AIC 和 BIC 的选择变量的方法。这两种变量筛选标准都是通过比较变量增加对方差解释量和模型的复杂程度之间的平衡从而获得简单能具有高预测能力的模型变量。简单而相对保守的模型构建角度来看，通过 AIC 选择的模型较 BIC 在预测能力上表现更好，因此，我们在本研究中只报告通过 AIC 法则选择的最优模型。我们得到模型估计结果（如表 6 所示）。

表 6　OLS 回归分析基于 AIC 标准的变量选择分析结果

| 变量名 | DV=销售额 | DV=参与人数 |
|---|---|---|
| 截距项 | -0.05(0.06) | -0.06(0.07) |
| **产品相关战略** | | |
| 1.价格敏感性 | | |
| 折扣 | 0.14(0.06)** | |
| 折扣后价格 | -0.18(0.06)** | -0.17(0.07)** |
| 折扣力度变动 | -0.18(0.06)*** | |
| 2.产品品牌知名度 | | |
| 产品（或服务）品牌知名度 | 0.15(0.06)*** | |
| 品牌聚焦 | | 0.123(0.072)** |
| 3.产品选择多样性 | | |
| 产品多样化 | 0.48(0.10)*** | 0.57(0.08)*** |
| 产品聚焦 | -0.36(0.09)*** | |
| **品牌资产战略** | | |
| 股东是否知名 | 0.46(0.18)** | 0.52(0.22)** |
| 战略群（类型变量） | 控制 | 控制 |
| F 值 | 31.28 | 24.27 |
| 调整后 $R^2$ 值 | 0.622 | 0.474 |

注:*表示 p<0.1；**表示 p<0.05； ***表示 p<0.01

为了探索模型对于团购网站绩效的预测能力,我们使用 AIC 的标准来对模型进行变量筛选。在 AIC 的标准下,以销售额为因变量的模型筛选出的有效变量为产品多样化( $\beta = 0.48, p < 0.01$ )、产品聚焦( $\beta = -0.36, p < 0.01$ )、产品(或服务)品牌知名度( $\beta = 0.15, p < 0.01$ )、品牌聚焦( $\beta = 0.12, p < 0.1$ )、折扣( $\beta = 0.14, p < 0.05$ )、折扣后价格( $\beta = -0.18, p < 0.05$ )、折扣变动力度( $\beta = -0.05, p < 0.01$ )以及股东的知名度( $\beta = 0.46, p < 0.05$ ),其中产品聚焦、折扣后价格以及折扣力度变动与销售额之间存在着负相关关系。而在以参与人数作为因变量的模型中,只有产品多样化( $\beta = 0.57, p < 0.01$ )、品牌聚焦( $\beta = 0.12, p < 0.01$ )、折扣后价格( $\beta = -0.15, p < 0.05$ )以及股东知名度( $\beta = 0.52, p < 0.05$ )这四个变量具有有效的预测作用。比较以两个不同的绩效指标构成的 AIC 模型,所筛选出来的变量具有较为一致的结论。团购网站对于产品价格战略的重要影响作用反映了产品策略的重要性。具体来看,价格策略和品牌知名度,以及产品多样化策略都得到了支持。在企业的品牌资产策略中,是否由知名股东参与也是影响团购网站绩效的重要指标,所以对于团购网站,品牌资产战略是影响企业绩效的重要指标。

综合上述的模型分析结果,我们可以看出,产品的多样性、知名度(产品、股东)和折扣对团购网站的绩效具有显著的影响作用,并且可以作为较为有效的预测指标。这也从另一个方面反映了在团购网站购物的消费人群所表现出的对产品多样性、知名度以及价格敏感的消费行为特征。

结合上文中对于四种战略群的市场营销活动组合,我们可以看出在四种战略群中,平台品牌战略群所采取的营销活动组合是最为有效的。它能够很好地捕捉到团购网站购物人群的对于品牌的信赖特征,此外在营销渠道方面,它相对其他三个也更具有优势。多样化市场战略群的营销组合战略也是较为有效的。多样化战略群的营销活动组合也能覆盖到产品的多样性和知名度,以及价格折扣方面。而在产品品牌战略群的营销活动组合方面,它能够较好满足消费者对于产品的多样化以及名牌知名度的需求特性,但是在折扣等方面,相比多样化市场战略群和平台品牌战略群,仍然具有一定的劣势。相比之下,利基市场战略群的营销活动组合则显得较为薄弱。通过对具体的团购网站进行分析可以看出,利基市场战略群的团购网站是针对某一种产品或者某一类产品的较为专业化的团购网站。这样的营销战略组合方式可能是根据其单一的市场特性而制定的,但是从更好地满足团购网站消费者的购物需求角度而言,利基市场战略群应该考虑适当增加自己的市场营销活动组合来吸引更多的消费者从而获得更大的经营绩效。

## 五、结论与启示

　　团购网站行业的迅猛发展吸引了众多来自学界和实务界关注的目光，而以团购网站为代表的新型互联网电子商务盈利模式在未来如何进行精细化的发展模式则具有重要的启示意义。在本文研究中，我们通过选择了团购网站作为电子商务产业发展的一个片段看分析如何在行业中开展精细化的发展模式，并且从企业战略角度来分析和研究电商企业目前的企业战略现状。

　　本文研究得出以下结论：（1）我们总结出团购网站中存在四大市场营销战略群。从产品战略维度来划分，主要有利基市场战略群和多样化市场战略群。从品牌战略维度划分，也有两大主要的战略群：产品品牌战略群和平台品牌战略群。（2）四个战略群之间存在显著的经营绩效差异。在四个战略群中，平台品牌战略群的绩效表现最为优秀，其次是多样化市场战略群，然后是产品品牌战略群，利基市场战略群绩效表现最为逊色。（3）我们发现产品多样化、产品折扣和折扣后价格等市场营销活动对团购网站具有积极的影响作用。这个也反映了团购消费市场中消费者的需求特点：对产品多种选择的青睐和对价格的敏感性。

　　本文研究结论对于学术和实务界都具有一定的启示意义。首先，本研究增强了对电商企业方面的学术理解。电商企业，特别是团购网站行业，目前发展的如火如荼，受到的关注如此之高，但却基本上没有关于这一行业具体的学术研究，理论研究和实践发展严重脱节，本研究尽力使用可得的数据对电商企业市场营销战略群这一现象进行了研究，试图为未来这一方面的研究以及业界未来的精细化发展提供一点借鉴。

　　而且，本文研究从一个侧面展示了企业在市场营销活动资源分配中可能需要注意的问题。从本研究得到的影响电商团购企业经营绩效的市场营销组合战略变量来看，在产品战略方面，产品多样性和品牌知名度都是吸引消费者参与的重要指标，团购网站应该增加产品的类型以及增加一些名牌产品的团购项目来提升企业绩效；在价格方面，折扣力度以及折扣后价格是能够显著影响团购网站的经营绩效，因此团购网站可以把人、财、物等资源更多地放在与商家谈判折扣价格上面；促销活动方面和渠道活动方面都不是显著的影响因素，团购网站可以把资源更多地配置在产品和价格方面，在保持原有的促销手段上增强前面两种具有显著影响力的战略；然而，股东的知名度却是影响团购网站绩效的重要因素。这个主要是股东具有的公众形象所带来的品牌效应。因此，能够吸引有知名度的投资资金注入，也是团购网站的另一种品牌宣传策略。

进而对电子商务行业发展而言，我们需要关注整个市场中的企业如何定位自己的市场营销战略，从而避免同质化的恶性竞争，使得整个产业向成熟企业战略的异质化和精细化的发展模式。这不仅能够为企业的基业长青打下基础，更是使得整个电子商务行业的成熟发展做好准备。

## 参考文献

艾瑞咨询，2011：《2010-2011年中国电子商务行业发展报告简版》，第10页。

中国电子商务研究中心，2012：我国团购网站的企业数量走势呈"倒U"型，http://b2b.toocle.com/detail-6028250.html，[2012年5月4日访问]。

侯清麟，张晖勇，2011：消费者网络团购行为分析，《湖南工业大学学报（社会科学版）》，第4期，34-38页。

张曼，2011：团购的快速兴起:从经济学角度的分析，《现代营销（学苑版）》，第5期，243页。

Mcgee, J. H. Thomas. Strategic groups theory, research and taxonomy [J]. Strategic Management Journal, 7 (2), 1986, pp.141-60.

Hunt, M., Competition in the Major Home Appliance Industry, 1960-1970 [D]. Ph. D dissertation, Harvard University, 1972.

Ketchen, D. J., J. G. Combs, C. J.Russell, C. Shook, M. A. Dean, J. Runge, F. T. Lohrke, S. E. Naumann, D. E. Haptonstahl, R. Baker, B. A. Beckstein, C. Handler, H. Honig, S. Lamoureux. Organizational configurations and performance: A meta-analysis[J]. Academy of Management Journal, 1997. 40(1): pp.223-240.

Thomas H. N. Venkatraman, Research in strategic groups: progress and prognosis [J]. Journal of Management Studies, 1988, 6(6): pp.537-556.

Baird, I.S. D. Sudharshan, Strategic groups: A three mode factor analysis of some measures of financial risk [R]. working paper, University of Illinois at Urbana-Champaign, 1983.

Hatten, K.J. M.L. Hatten, Some empirical insights for strategic marketers: The case of beer, Strategic Marketing and Management [M]. in H. Thomas and D.M. Gardner eds, 1985,John Wiley.

Mascarenhas, B., D. A. Aaker, Mobility barriers and strategic groups[J]. Strategic Management Journal, 1989, 10: pp.475-485.

Fiegenbaum A., H. Thomas, Strategic groups and performance: the U.S. insurance industry,1970–84[J]. Strategic Management Journal, 1990, 11(3): pp.197–215.

Peteraf, M., M. Shanley, Getting to know you: A theory of strategic group identity [J]. Strategic Management Journal, 1997, 18: pp.165-186.

Frazier, G.L., R.D., Howell. Business definition and performance [J]. Journal of Marketing, 1983, 47(2): pp.59-67.

Nair, A., S. Kotha. Does group membership matter? Evidence from the Japanese steel industry[J]. Strategic Management Journal, 2001, 22(3): 221-235.

Dess, G.G., P.S. Davis, Porter's (1980) generic strategies as determinants of strategic group membership and organizational performance [J]. Academy of Management Journal, 1984, 27(3): pp.467-488.

Hawes, M.J., F.W. Crittenden, A taxonomy of competitive retailing strategies [J]. Strategic Management Journal, 1984, pp.275-287.

Hergert, M., 1983, The incidence and implications of strategic grouping in U.S. manufacturing industries [J]. Ph.D. dissertation, Harvard University

Wind, Y., T. S. Robertson, Marketing strategy: new directions for theory and research [J]. Journal of Marketing, 1983, pp.46-53.

McDaniel, S.W., J.W. Kolari, "Marketing Strategy implications of the Miles and Snow strategic typology [J]. Journal of Marketing, 1987, 51(4): pp.19-30.

Ailawadi, K. L., K. L. Keller, Understanding retail branding: Conceptual insights and research priorities [J]. Journal of Retailing, 2004, 80(4): 331-42.

Rossiter, J.R., L. Percy. Advertising and Promotion Management [M]. New York: McGraw-Hill Book Company, 1987.

Gardner, B.B. ,S.J. Levy. The product and the brand [J]. Harvard Business Review,

1955..33 (March-April):pp.33-39.

Keller, K. Conceptualizing, measuring, and managing customer-based brand equity [J]. Journal of Marketing, 1993, 57(1), 1-23.

Athanassopoulos A.D. Strategic groups, frontier benchmarking and performance differences: Evidence from the UK retail grocery industry [J]. Journal of Management Studies. 2003. 40(4): pp.921–953.

Osborne J.D., C.I. Stubbart, A. Ramaprasad. Strategic groups and competitive enactment: A study of dynamic relationships between mental models and performance [J]. Strategic Management Journal, 2001, 22(5): 435-454.

Fiegenbaum A, H. Thomas. Strategic groups as reference groups: Theory, modeling and empirical examination of industry and competitive strategy1995 [J]. Strategic Management Journal 16(6), 1995. pp.461–476.

Zuniga-Vicente, J. A., J. M., de la Fuente-Sabate, J. Rodriguez-Puerta, A study of industry evolution in the face of major environmental disturbances: Group and firm strategic behavior of Spanish banks: 1983-1997 [J]. British Journal of Management, 2004, 15(3): pp.219-245.

Slater, S.F., J.C. Narver, Product-market strategy and performance: An analysis of the Miles and Snow strategy types [J]. European Journal of Marketing, 1993, 27(10): pp.33 – 51.

Miles, R., C. Snow, Organizational Strategy, Structure and Process [M]. New York: McGraw-Hill Book Company. 1978.

Berger, J., M. Draganska, I. Simonson, The influence of product variety on brand perception and choice [J]. Marketing Science, 2007, 26 (4): 460-472.

Chang, C. The effect of the number of product subcategories on perceived variety and shopping experience in an online store[J]. Journal of Interactive Marketing, 2011, 25 (3), 159-168.

Kahn, B. E., B. Wansink The influence of assortment structure on perceived variety and consumption quantities [J]. Journal of Consumer Research, 2004, 30 (4), 519-33.

Desarbo, W.S., R. Grewal, R. Wang, Dynamic strategic groups: Deriving spatial evolutionary paths[J]. Strategic Management Journal, 2009, 30: pp.1420-1439.

Cool, K.O., D. Schendel, Strategic group formation and performance: The case of the U.S. pharmaceutical industry, 1962-1982 [J]. Management Science, 1987, 33(9): pp.1102-1124.

Kim Y., B. Lee, Patterns of technological learning among the strategic groups in the Korean electronic parts industry [J]. Research Policy, 2002, 31: 543–567.

Akaike, H. A new look at the statistical model identification [J]. IEEE Transactions on Automatic Control. 1974. 19 (6): pp.716–723.

Schwarz, G.E. Estimating the dimension of a model [J]. Annals of Statistics. 1978. 6(2): pp.461–464.

王汉生. 应用商务统计分析[M]. 北京大学出版社，2008 年 1 月，第 1 版。

# Investigation on Group-buying Websites' Marketing Strategies: The Strategic Group Prospective

Rui Wang    Xiaoyu Zhou    Fan Liu

**Abstract:** Our research adopts group-buying websites, which represents the new business model in e-commerce industry, as a proxy to study how the strategies of e-commerce firms affect performance. We borrow the theoretical lens of strategic group to cluster and categorize the group-buying websites strategies in marketing perspective. We sampled from 130 group-buying websites in September 2010. We identified strategic portfolios and performance indicators on these websites. We also complemented the website data with industry indices, published by independent research institutions, and subjective appraisals from internet experts. Research findings reveal that four main strategic groups in group-buying websites with significant differences in performance. The findings suggest a well-structured market segmentation in the Chinese e-commerce industry.

**Key Words:** Strategic Group; E-commerce; Group-buying Website; Marketing Strategy

附录

# Consumer Resistance to Online Retailing: a transaction cost economics view

Deng, Honghui   Peffers, Ken   Saarinen, Timo   Soronen, Osmo T.A[①]

**Abstract**: This article takes a holistic approach, based on transaction cost economics, to explain consumer resistance to Internet-based purchasing or B2C e-commerce. We addressed concerns regarding the application of a premise from new institutional economics to consumer decision making through a framework that distinguishes three processes as constituting electronic transactions: search, exchange, and settlement. This framework and transaction cost economics are then used to model a consumer's choice between e-commerce and conventional 'brick and mortar' retail channels.

The model was tested using data from a consumer survey and statistical methods. The results confirm the main hypothesis of this study: transaction costs do matter in consumers' choices. Furthermore, transaction cost components can be identified and their relative importance in consumer decision making assessed. In terms of transaction cost economics, ease of verification (asset specificity) is the most important determinant, followed by frequency and uncertainty. The perceived price advantage of electronic markets weighs less in consumers' channel choice than the ease of verification.

***KeyWords:*** B2C e-commerce, transaction cost economics, consumer resistance, Internet-based purchasing, consumers' channel choice.

① Deng, Honghui: Corresponding Author, Lee Business School. University of Nevada Las Vegas, USA. Email: honghui.deng@unlv.edu

Peffers, Ken: Lee Business School. University of Nevada Las Vegas, USA. Email: ken.peffers@unlv.edu

Saarinen, Timo: Aalto University School of Business, Helsinki, Finland. Email: timo.kuosmanen@aalto.fi

Soronen, Osmo T.A: Helsinki School of Economics, Helsinki, Finland (Posthumous)

Last revised Sept. 2016

# 1.  Introduction

The Internet has made it feasible to carry out most retail transactions online. A considerable amount of attention has been focused on the promise of lower prices and easier methods of information search offered by electronic markets in comparison with conventional purchasing. However, despite optimistic projections, the actual volume of electronic transactions by consumers has been less than predicted. In early 2007, after twelve years of Internet availability for e-commerce, B2C e-commerce in the United States represented just over three percent of the total retail sales (Bureau', 2007). By 2016, B2C share of retail sales has only climbed to 8.1% of US retail sales (Denale and Weidenhamer, 2016). While that share has grown almost three-fold over the preceding nine years, it still falls well short of the forecasts made during the dot-com boom of the late 1990s. (Chang et al., 2005). An estimated 53% of Internet users, or 26% of population, have made digital purchases worldwide (Portal, 2016). The year on year growth of e-commerce retailing seems to have matured and growth seems to continue to fail to live up to expectations (Chang et al., 2005, Bogue et al., 2016). For all of the romance of the e-commerce retailers Walmart, world's largest brick and mortar retail by sales, still dwarfs Amazon.com ($484 B vs $121 B for the year ending August 30, 2016) (source Morningstar.com).

Prices on electronic markets should be lower than on conventional ones, according to Bakos (1997), because of lower search costs and intensified competition among vendors. Indeed, Brynjolfsson and Smith (2000) report that in their study prices for consumer goods were lower in web-based shops than in conventional outlets. Yet, even with this price advantage, electronic markets have been growing slower than anticipated. If lower prices are not a sufficient incentive for everyone to enter electronic markets, why do consumers shun web-based shops? In addition, e-commerce retailers can employ a variety of price discrimination tactics to offer lower prices to the price sensitive (Einav et al., 2016). A number of studies have identified obstacles to participate in these new markets. Credit cards scares, delivery costs, and lack of trust in the virtual merchant have been among the culprits that purportedly limit the growth of Internet consumer commerce.

Understanding consumers' decision making, when they face the choice of purchasing either from a conventional "brick and mortar" outlet or an e-commerce shop, would be beneficial both for the study of electronic retailing and for improving the efficiency of this modern distribution channel. Prior studies have offered various reasons for consumers' avoidance of electronic markets. For example, Hoffman et al. (1999) reported consumers' lack of trust in the merchant and privacy issues that hinder the growth of electronic retailing. Strader and Shaw (1997) presented a "cost-based economic analysis" for the comparison of traditional consumer markets with e-markets. They noted that risk and delivery costs are higher on e-markets. Hann and Terwiesch (2003) report on the frictional costs faced by online shoppers when entering into transactions with WWW based merchants. The potential for vendor fraud is cited as a major source of distrust for ecommerce customers in China (Zhang et al., 2013). Reputation is critical among Chinese e-commerce retailers (Clemons et al., 2013).

This paper presents a holistic approach, which encompasses both the purchase price and the costs associated with the task of completing the transaction, that could be of benefit in understanding consumers' decisions to engage in B2C e-commerce transactions. For business to business markets, *the new institutional economics* already offers such an approach: transaction cost economics (TCE). This study seeks to demonstrate that the TCE concept is also applicable for explaining business to consumer markets and that transaction costs affect consumers' choice between a conventional and an electronic purchase channel.

The core postulate of this study takes the following form: Consumers' probability of using an electronic purchase channel is derived from the perceived price advantage of the electronic market plus the transaction cost difference in search, exchange, and settlement activities as well as the consumer's perception of the value of time and experience in using the Internet.

**The objectives of this paper are:**

1.To present a framework for analyzing the processes and transaction costs of electronic consumer markets.

2.To use that framework to build a model that explains consumers' choice of either using or not using the electronic market.

3.To verify the validity of the model with empirical data.

This paper applies concepts from transaction cost economics to consumer decision making. TCE postulates that the decision maker allocates transactions to appropriate governance structures (markets or hierarchies) based on total costs, which are the sum of procurement cost and transaction costs. To extend this rationale to consumers' choice between electronic and conventional channels, we need to assess their transaction costs.

To achieve this, we propose a framework that depicts market transactions as a flow of processes, all of which have associated transaction costs. Three transactional processes that link consumers with merchants are identified: search, exchange, and settlement. From the consumer's point of view, the search process comprises the activities needed to find information on the product and the seller. The exchange process covers negotiations for terms of sale, price discovery, and the act of committing to the deal. The settlement process encompasses both payment by the consumer and delivery by the merchant, which complete the transaction.

The framework was successfully used to construct a consumer survey that revealed statistically discernible differences between consumers who shop on the World Wide Web and those who do not. Furthermore, the framework identified the transaction cost components associated with the purchasing processes.

In order to evaluate the transaction costs empirically, we collected data from Finnish Internet users. Statistical methods were then used to learn the main differences between web shoppers and non-web-shoppers. The resulting survey data was then used to generate statistical estimates for the model variables and to see if they would verify the model.

The framework was further used to construct a logistic regression model to predict the consumer's likelihood of participating in electronic retailing. A principal component analysis of the survey data yielded valid factors that matched the framework processes. Substitution of the regression coefficients for the SPSS provided estimates yields a model that correctly classifies consumers as web buyers and non-web-buyers in three cases out of four. This result is taken as a verification of the basic postulate of this thesis that transactions costs do matter when consumers choose their purchasing channel.

The secondary finding is that the search costs are not statistically discernible and thus are not included in the resulting model. Although some search related activities are included as ingredients of other model variables, one could interpret this to mean that consumers do not perceive the transactional cost of searching to be significantly lower on electronic than on conventional markets.

A sensitivity analysis of the model variables gave us the relative importance of the transaction cost dimensions for consumers' channel choice. The exchange variable that is linked to ease of verification has the strongest effect on acceptance of the electronic channel. The perceived price level is the second in relative importance. The experience component, which associates with frequency of transactions, is the third strongest. The effect of settlement related transaction costs, mainly through uncertainty, is the second least significant. The value of time, which incorporates ingredients from all transaction cost dimensions as well as search costs, has the least effect on the use of an electronic purchasing channel.

## 2. Foundations

Economic activity creates value by moving goods and services through the value chain towards their final consumption. The transactions between adjacent stages of the value chain can be coordinated by either hierarchies or markets. The study of markets by economists has traditionally focused on the price mechanism and assumed costless transactions. Firms, on the other hand, have been treated as profit maximizing production functions or "black boxes."

The concept that transaction costs were the decisive factor for the emergence as well as the size of the firm was introduced by Ronald Coase in his seminal work *"The Nature of the Firm"*. Explaining why coordination is achieved through the market mechanism in one case and by the decision of the entrepreneur in another, he highlighted the costs of using the price mechanism (Coase, 1937). Coase concluded by stating *"At the margin, the costs of organising within the firm will be equal either to the costs of organising in another firm or to the costs involved in leaving the transaction to be 'organised' by the price mechanism"* (ibid.).

The re-emergence of transaction cost economics in the late 1970s and early 1980s has to be accredited largely to the work of Oliver Williamson. His "Organizational Failures Framework" builds on a combination of environmental and human factors as the main reasons why transactions are performed within hierarchies rather than across markets (Williamson, 1975). The pairing of bounded rationality with uncertainty on the one hand and a small numbers exchange condition with opportunism on the other hand is given as the condition for raising the costs of market transactions.

If human decision makers were unboundedly rational, they could formulate contracts that would include contingencies for all possible situations. With such contracts even complex and long-term exchanges could be easily handled over markets. Bounded rationality matters when uncertainty exists to the degree that the rational capabilities of decision makers are exceeded. When confronted with high levels of uncertainty or complexity, hierarchy will have a transaction cost advantage over market.

Small numbers exchange situations arise when a buyer has only a few suppliers to choose from. This may be the case even when at the outset there is a large number of possible suppliers. First mover advantages, enjoyed by the initially chosen supplier, may give cost advantages over other bidders at contract renewal time. The small numbers condition only matters when combined with opportunism. If parties were candid about their intentions and were only seeking the returns that their original positions entitled them to, contracts could be easily negotiated. Because opportunistic behavior[1] is difficult to observe *ex ante*, internal organization may be preferred to small numbers market condition (Williamson, 1975). This may be especially true for *"self-disbelieved promises regarding future conduct"* (Williamson, 1975) p.26.

Developing the concept of TCE further, Williamson shifts from explaining vertical integration incentives to the study of intermediate product transactions. An intermediate product is defined as the output of one stage in the value chain that is to be used as an input in the proceeding stage. He sets to identify the governance structures that are most economical for the different types of transactions. Governance structure refers to *"the institutional framework within which the integrity of a transaction is decided"* (Williamson, 1979). Transactions are characterized in the dimensions of *uncertainty, frequency,* and *idiosyncrasy.* Williamson defines frequency in terms of the buyer's market activities and idiosyncrasy in terms of the transaction specific investments made by the seller (ibid.).

Explaining the factors that determine whether a transaction should be performed within the firm or over the market, Williamson (1981) states that asset specificity is the most important attribute of transactions for such consideration. He re-terms transaction specific investment as asset specificity and lists three reasons for it to arise: *site specificity, physical asset specificity,* and *human asset specificity.* He later augments this list with *dedicated assets* (Williamson, 1985). Site specificity refers to situations where the adjacent production stages of the value chain need to be located in close proximity to one another. Physical asset specificity arises when specific equipment is needed in the production of the goods. Human asset specificity is the result of learning-by-doing both in production and in the handling of the transaction. Dedicated assets represent investments which by themselves are not transaction specific, but which are undertaken only for the purpose of serving a specific buyer (ibid.).

Williamson presents a simple model according to which market transactions are economical when asset specificity is low, bilateral governance is preferred when assets are semi-specific, and vertical integration occurs when assets specificity is high. The production cost advantage of market over in-house production is viewed as a function of asset specificity. For low values of asset specificity, markets enjoy considerable production advantages over internal transactions. When asset specificity increases, this advantage decreases but remains positive even at high levels. The governance cost advantage of markets over internal organization is positive at low levels of asset specificity but turns negative relatively fast when the idiosyncrasy of the transaction necessitates a more elaborate and expensive governance structure. The sum of production and governance costs is used to determine the economical allocation of transactions between markets and hierarchies. When this total cost advantage of markets is zero the decision maker is indifferent between making and buying. At higher levels of asset specificity internal transactions are chosen and at lower levels market transactions are economical.

Empirical studies in TCE reflect similar findings; transaction costs do matter, even if they are difficult to measure. Asset specificity has been more successfully treated in empirical studies than the other dimensions of transaction costs. Although both environmental and behavioral uncertainties have been objects of empirical TCE studies, they have received less attention than asset specificity. In their summary and assessment of empirical TCE research Shelanski and Klein (1995) report on some conflicting findings on the effects of uncertainty. Frequency, on the other hand, has rarely been addressed in TCE studies. In their review of empirical TCE articles Rindfleisch and Heide (1997) find that frequency has received limited attention and that for the most part, researchers have been unsuccessful in confirming its effects on the governance of transactions.

### The Electronic Market Hypothesis

Combining TCE with IT, Malone et al. (1987) predicted that the increasing use of electronic data processing would lead to a preference of market over hierarchy coordination. They used the term *electronic market* to describe the computer assisted market mechanism. Malone et al. (1987) distinguished three main effects that information and communication technologies would have on transactions: *electronic communication, electronic brokerage* and *electronic integration.*

The electronic communication effect results from reductions in both the cost and the time associated with the transmission of information. These benefits can be enjoyed in both markets and hierarchies. The electronic brokerage effect is brought about by efficiently connecting a large number of buyers and sellers through a central database, thus eliminating multiple one-to-one communications. This brokerage function would mainly serve electronic markets. The electronic integration effect is arrived at by using information technology to coordinate and couple the information management processes of the transacting parties.

A number of subsequent researchers have built upon this research to support the influence of TCE on the diffusion of e-commerce. Transaction costs seem affect a tendency to revisit a site (Che et al., 2015), the growth of e-commerce in emerging economies (Agarwal and Wu, 2015), the likelihood of disintermediation in an industry (Almunawar and Anshari, 2014),

Malone et al. build on Williamson's transaction characterization by adding "the complexity of product description." They use it to describe the amount of information that potential buyers need in making a selection. They argue that complexity of product description is logically independent of asset specificity, although it has similar influence on the choice of governance structure. Products with highly complex descriptions require more information exchange and coordination and thus are more likely to be procured within hierarchies than from markets (Malone et al., 1987). In forming their hypothesis, Malone et al. also simplify the concept of transaction costs and write instead of coordination costs. In coordination costs they include all information processing related to the coordination of production and exchange of goods (ibid.).

Malone et al. then present the "electronic market hypothesis" (EMH), although at the time they referred to it as the "General Argument Favoring Shift toward Markets." According to EMH, the increased use of information technology will result in lower unit costs of coordination. This in turn will favor markets over hierarchies because *ceteris paribus*, markets are more expensive in coordination costs. Hence, an overall reduction in coordination costs will make market transactions more desirable. According to EMH, when both asset specificity and the complexity of product description are high, hierarchies are preferred over markets; when both are at low levels markets are used to coordinate transactions. Through the application of information technology, the asset specificity of production technology is decreased and the communication of complex product descriptions is made economically viable. These IT-enabled developments move the boundaries between high and low asset specificity as well as complexity. These factors favor market coordination and entail a general shift from hierarchies toward markets (ibid.).

In a later review of this evolution the authors state the inevitability of electronic markets and that the dynamics in their development are generic (Malone et al., 1989). They describe the evolution from electronic single-source sales channels, where suppliers place terminals connected to their own systems at buyers' premises, to unbiased electronic markets. Due to the electronic brokerage effect, they predict that transactions will be consummated directly between the manufactures and end users—consumers as well as businesses. The main benefits of electronic markets would accrue to buyers in the form of lower prices, a wider selection of suppliers, and a more convenient selection process (ibid.).

Malone et al. (1989) extended the coverage of the EMH to consumer transactions. At the time when the EMH was introduced, the Internet was government controlled and commercial activity on it was banned. Thus the electronic transactions envisioned by the hypothesis should be viewed in the setting of proprietary electronic networks. In terms of control and governance, such environments differ from the open network structure of the Internet, which has since become the main platform for consumer electronic markets. Daniel and Klimis (1999a) undertook an empirical analysis of two consumer markets deemed suitable for web-based transactions: music industry and retail banking. They find the EMH generally valid but wanting. They suggest that the hypothesis be amended with additions to cover uncertainty-related issues of trust and regulation.

With a time benefit of having witnessed the boom of the Internet, Strader and Shaw (1997) present a thesis regarding transaction cost advantage of electronic markets over conventional markets. They specifically address the consumer market and offer a "cost-based economic analysis" for the comparison of traditional markets with e-markets.

Strader and Shaw subscribe to the view that product prices and search costs are lower on electronic markets, and that they serve as an incentive for consumers to switch from traditional markets to e-markets. However, they note that risk, distribution, and market related costs are higher on e-markets. They assume a rational buyer who will minimize on the sum of the individual costs. Later, they (1999) report on empirical data that verify the their analysis. However, the comparisons are conducted cost-element by cost-element without totaling the differences. Hence, their prediction that the lower product prices and search costs will offset the higher risk costs is not verified by their data.

Chang et al. (2005) reviewed studies to collect explanatory variables for ecommerce participation. The most often used explanatory variables were risk perceptions and trust. However, they found that researchers lacked common definitions for these terms, which made it difficult to compare results across various studies. Subsequent research, e.g., (Renko and Popovic, 2013) supports the thesis that anxiety and distrust remain important determinants of willingness to engage in consumer e-commerce transactions.

Three of the studies that Chang et al. reviewed referred to transaction costs. However, only one of them did so in the TCE-connotation. In that study (Liang and Huang, 1998), TCE was used to assess products in order to compare their acceptability for electronic retailing. More recently, Teo and Yu (2005) use TCE to explain consumers' buying behavior in electronic commerce. They combine uncertainty and frequency with an empirical study. Teo and Yu conclude that different kinds of uncertainty have different impacts on transaction costs and that consumers' online buying decision is affected by transaction costs.

## 3. The Framework

Commercial activities are often analyzed as a series of actions that are conducted to reach a desired result. The Commerce Model (Nissen,1997) pertains to commerce in general and portrays the process flows of a transaction from the points of view of both the buyer and the seller. The buyer's process begins with the identification of a need, followed by the search for sources that can provide the needed goods or services. Next, the terms of trade are negotiated and if an agreement is reached the transaction is consummated. The process terminates only after the object of the transaction is no longer needed. The seller's process is initiated by preparations to provide services and products. The next steps in the seller's process are marketing and sales followed by customer support.

The buyer's and the seller's processes interface with one another at numerous stages. According to Nissen (1997), electronic commerce offers the greatest potential at the process stages where an exchange of information occurs, as those can be supported by digital and network technologies. This depiction of electronic commerce would tend not to cover exchanges of influence, money, and goods—that is, the negotiation and price discovery, payment, and delivery components of transactions.

The electronic market framework (EMF) (Daniel and Klimis, 1999b) describes an electronic market as an amalgamation of processes and intermediaries that provide efficiency to these processes. The EMF builds on the Commerce Model and views electronic markets as a consolidation of three main transactional processes: *search*, *exchange*, and *settlement*. The first two constitute the core of the electronic marketplace. The third one—not necessarily operated on in the electronic market—may undergo revisions to better support the first two. Alternatively, existing settlement (payment and delivery) arrangements may be replaced by new ones as a consequence of electronic markets.

Projecting the three transactional processes of the EMF onto the Commerce Model changes the angle of observation. The EMF depicts the processes as connecting the buyer and the seller, and the focus moves from the parties to a transaction to the transactions themselves, which is shown in Figure 1. From the consumer's point of view the search process comprises the activities needed to find information on the product and the seller. The exchange process covers negotiations for terms of sale, price discovery, and commitment to the deal. The settlement process encompasses both the payment and delivery activities necessary to complete the transaction. All these processes are postulated to have associated transaction costs. Time is also portrayed in Figure 1, because time spent on carrying out the purchasing activities may also be viewed as a purchasing expenditure that is affected by transaction costs.

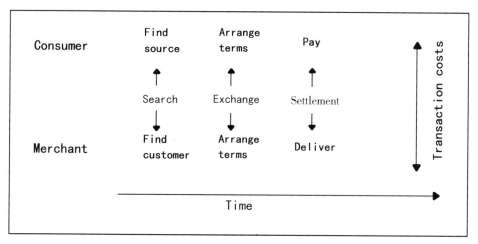

Figure 1　Electronic market framework.

The *search process* includes the seller's promotional activities and the buyers' search for the best possible match for their needs. While the "out-of-the-pocket" costs of searching on the Internet may be very low, the time spent in the process should also be factored into the calculation of total search costs.

The *exchange process* of EMF covers the negotiation, price discovery, and possible agreement by the trading parties. Open networks may raise concerns over the security of communications, the identity of the parties to a negotiation, and the enforceability of electronic agreements.

The delivery portion of the *settlement process* of EMF is likely to rely on intermediaries for the distribution of physical goods traded. The payment portion of the *settlement process* over the Internet has received considerable attention in both academic and popular writings. The lack of suitable payment methods has been seen as the main barrier to the emergence of web shopping. Although electronic forms of money, electronic cash or digital cash, have been proposed, for most marketspace as well as marketplace transactions the buyer's binding commitment to pay by a conventional means suffices. The question can thus be reduced to that of identifying the parties and enforcing the contract, which could be handled by the exchange intermediaries. The payments can then be carried out through existing intermediaries using already established procedures, for example by banks or credit card companies.

Market transactions, although often typified simply as sales rather than as contracts, are governed by classical contract law that usually relies on forums of justice for enforcement. Open networks, however, do not reliably establish the identity of the communicating parties and the electronic documentation of transactions may be easily repudiated. For settling disputes this introduces notable concerns. Open network based markets entail an increased level of uncertainty when compared with traditional non-electronic markets. The omission of uncertainty factors may be one reason why the prediction that electronic markets would boom has been slow to unfold.

### 3.1.Consumer's Transaction Costs

TCE postulates that the decision maker allocates transactions to appropriate governance structures based on total costs, which are the sum of procurement cost and transaction costs. Extending this rationale to the consumers' choice, however, gives rise to contemplation regarding the appropriateness of TCE's premises to retail purchases that need to be addressed.

Firstly, the governance structure. TCE's principal application is to the "make or buy" decision of firms, that is whether to allocate the transaction to be governed internally in the hierarchy or externally in markets. Consumers, however, rarely face such choices as they rely on markets for most of their procurements. Nevertheless, they need to choose between various vendors and different forms of markets, for example between a retail outlet and mail order catalog. As has already been implied by EMF, a firm that has decided to allocate a transaction to market governance may, in accordance with TCE, apply the same tenets in choosing the kind of market that offers the most advantageous total price. By extension, a rational—even if boundedly so—consumer could act according to TCE postulates when choosing between electronic and conventional markets. The suitability of the four main components contributing to total costs—product price, asset specificity, uncertainty, and frequency—are addressed next.

### 3.2.Price Levels on Electronic Markets

TCE builds on grounds that markets enjoy a production cost advantage over hierarchies, thus implying that *ceteris paribus* markets would be the preferred procurement source because of lower prices. Similarly, a number of studies on electronic markets predict and assume that for reasons of lower search costs and intensified competition among vendors, prices on electronic markets will be lower than on conventional ones. For example, an often-cited supposition by Benjamin and Wigand (Benjamin and Wigand, 1995) affirms that electronic markets could result in savings of more than 60% to consumers buying shirts. Such savings, however, are only achieved by speculating that the producer sells directly to the consumer, does so at manufacturing cost, and that there are no costs involved in getting the shirt from the factory to the consumer. Brynjolfson and Smith (2000) report somewhat more modest savings that result from the use of electronic purchase channels. Their study of books and CDs sold on the WWW found prices to be 9%-16% lower than on conventional retail outlets with delivery costs included in the comparison.

Brynjolfson and Smith (2000) also found prices on electronic consumer markets to be both volatile and dispersed. This indicates that in a given instance of shopping it is difficult to state the exact price advantage of the electronic purchase channel and that finding the lowest price requires some effort. Furthermore, Bailey's (1998) comparison of prices of books, CDs, and software found that prices on electronic markets were not always lower than at conventional retailers. Consequently, a model for consumers' choice of purchasing channel cannot assume that electronic markets always offer lower prices. The model should instead accommodate both the positive and negative price advantages of electronic markets.

### 3.3.Transaction Characteristics

TCE posits that transaction specific investments made by the seller, that is asset specificity, are the most important characteristic when allocating transactions to different governance structures. In consumer markets it is rare that a seller would make specific investments on the account of an individual buyer to the degree that those investments would be of lesser value in transacting with some other customer. However, the seller may induce the consumer to develop the relationship in such a way that human asset specificity may evolve, for example through "frequent flier" and other customer loyalty programs. Generally, the absence of transaction specific investments render consumer markets less prone to transaction costs arising from asset specificity. Parties to an electronic transaction, however, do face an equally important transaction cost component that stems from verifiability. The parties to the transaction may need to verify the identity of one another, attributes of the product or service traded, soundness of the delivery and payment commitments, or some other characteristic of the purchase. While this may be conveniently done in a physical retail store, the parties may encounter additional costs in doing so electronically. These costs are not dissimilar to those that arise with transactions on capital markets. Thus, we may use Williamson's (1975), p. 259) suggestion: "Assessing capital-market transactions within the proposed framework is thus accomplished by substituting 'ease of verification' for 'degree of transaction-specific investment.'" Consequently, the easier electronic verification is the more advantageous the use of electronic markets becomes.

Uncertainty in transaction is seen as rising from the bounded rationality of decision makers and from the opportunistic behavior of some market participants. Environmental uncertainty that relates to long-term contracting, for example, the changes in demand or technology, is not an equally strong concern in consumer markets as it is in procurement of intermediate-products within the value chain. Environmental uncertainty, however, plays an important role when electronic markets are compared with conventional ones. Security issues regarding the network itself may be of concern as reports of computer crackers and breaches of information privacy abound. In addition, worth noting is that in its original form, TCE assumes that classical contract law governs the market transactions. This is not always the case with transactions over open networks. In most cases, established laws adequately govern electronic transactions. However, because it may be difficult for the consumer to discover which laws apply, this may increase the uncertainty associated with electronic markets. Correspondingly, with degrees of asset specificity, the lack of ease of verification raises transaction costs more significantly when it is combined with uncertainty.

The frequency dimension of transaction costs is defined by the buyer's activity in the market. TCE theorizes that an increased frequency of asset specific transactions will favor hierarchies because the more numerous transactions will warrant the cost of a specialized governance structure. This needs to be adjusted for consumer markets, since it is unreasonable to assume that consumers will establish governance structures. Therefore, frequency is considered more broadly as the buyer's overall use of the electronic communication network, i.e., the Internet, in this study. The logic here being that a more frequent use of the Web will affect consumers' attitude on ease of verification.

The effects of price levels and transaction characteristics on consumers' choice of purchasing channel are summarized in Figure 2 and Figure 3 below. Figure 2 shows how the difference in transaction costs between an electronic and a conventional market changes as a function of the difficulty of verification. When verification is difficult, the conventional market has a transaction cost advantage over the electronic one. As the difficulty of verification decreases, this advantage diminishes and at some point indifference is reached. If the difficulty of verification diminishes beyond this point, the electronic market is preferred. The solid line in Figure 2 that crosses the x-axis at point TC shows the cost advantage of electronic market as a function of the difficulty of verification when price levels are comparable on both kinds of markets. If the electronic market offers lower prices than the conventional one, the cost advantage curve moves to the right as the total cost advantage of electronic market increases. The dotted curve in Figure 2 shows this effect; this curve crosses the x-axis at a point TCP indicating that an electronic market would be preferred even with more difficulty of verification.

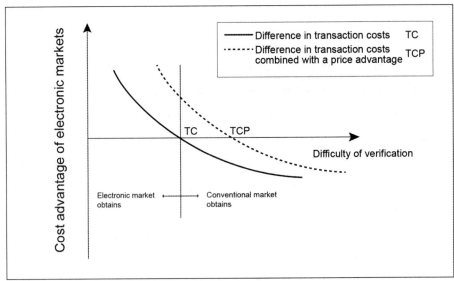

Figure 2    Difficulty of verification effects on transaction costs.

Figure 3 shows the effects of uncertainty and frequency on the transaction cost advantage of the electronic market over a conventional one. At some levels of uncertainty and frequency, the indifference occurs at point D of the difficulty of verification. If the uncertainty of transactions on the electronic market increases, the advantage curve shifts to the left and a lower level of difficulty of verification, marked U+ in the figure, is required to achieve the indifference point. The effect of frequency is opposite to that of uncertainty. An increase in the frequency of electronic transactions moves the curve to the right and a higher level of the difficulty of verification is borne at the indifference point (F+).

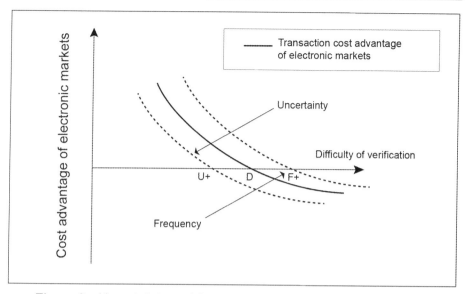

Figure 3    Uncertainty and frequency effects on transaction costs.

## 4.  Data Collection and Description

We carried out the data collection by surveying people who subscribed to an Internet access service and were thus capable of using an electronic purchasing channel. We drew a random sample of 2,539 individuals from the customer data base of Sonera Oyj, the largest Finnish ISP.

First we sent email solicitations to individual addressees. In the email message we asked recipients to submit their responses via Internet by the end of the calendar year. In January we began mailing letters reminding of the survey through standard postal service to those who had not yet submitted their responses. This second phase of the mailing included a printed questionnaire together with a return envelope as well as instructions on how to use the HTML form. We assumed that everyone in the sample group received at least one of the invitations sent. As a result, we calculated the response rate as 34.3 percent; 871 out of the sample group of 2,539, although the number of persons who received the invitation to participate in the survey is likely to be smaller due to undelivered emails and returned envelopes.

In order to assess the demographic data collected, we compared the survey results to the national census data published by Statistics Finland reflecting the population at large. Furthermore, we compared the data relating to Internet usage with the results of Taloustutkimus Oy (TOY). TOY is a privately owned market research company that conducted an Internet usage survey. It had a sample size of 3,014 that was drawn from the entire national population  and was conducted over the telephone (Taloustutkimus, 2001).

The demographics of our respondents parallel the Finnish Internet-user profile reported by TOY. The sample that TOY used was larger and it was drawn from the population at large. The demographics of our data, although drawn solely from the customer base of Sonera Oyj, do not deviate significantly from the overall profile presented by TOY. The conclusions based on the data collected are therefore deemed to be applicable to the overall Finnish Internet-user population.

Regarding the overall national population, the survey respondents are not a very close match in demographics. Our sample represents a predominantly male and better educated portion of the national population. The income levels of respondents also deviate from the national average. Hence, the results based on this data may not be applicable to all consumers collectively.

### 4.1. Internet Usage

On average, respondents had three years of experience in using the Internet. The median "net age" was two years and nine months and the most common length of experience was two years. Two percent said they had not used the Internet at all while the most seasoned top-two-percent had a history of at least seven and a half years of net-usage. The lowest quartile was two years' experience and the top quartile was four years.

When asked to grade their own skills in using the Internet, the respondents ranked themselves at an average of 7.1. Using the Finnish school grades 4 to 10, three percent gave a failing 4 to their own skills while another three percent rated themselves at an excellent 10. The median grade was 7 and the mode was 8.

The respondents spent an average of three hours and 44 minutes per week surfing on the Internet. However, the surf times were widely dispersed. One in three used an hour or less for web surfing, while every fourth respondent said they used at least five hours per week to access the Internet. One hour per week was the most common response and the median surfing time was two hours per week.

### 4.2. Web Shopping

Making purchases from web shops was common among respondents. More than 40 percent of them had made at least one purchase during the year. People who had made a web purchase were generally satisfied with the experience. More than half of them totally or almost totally agreed with the statement "I will also make my next comparable purchase from a web shop." Analysis of the demographic data reveals little to distinguish web buyers from non-buyers. On average, a web shopper tends to be younger than a non-web-buyer. Other than the age of the respondent, the data collected do not show any discernible interdependence between web purchases and demographic data. Gender, education level, salary bracket, or domicile-type do not seem to affect the consumer's choice of purchase channel.

Web buyers do, however, distinguish themselves from non-buyers by their Internet usage characteristics. Persons who spend more time surfing are also more likely to place orders online. Likewise, better Internet usage skills and a longer "net-age" correlate positively with web purchases. Respondents who had made web purchases assessed their Internet usage skills higher than those without purchasing experiences. Moreover, a mean web buyer had had access to the Internet for nearly three and a half years, whereas the average non-buyer's experience was ten months shorter.

Among respondents, the statement that placing an order with a web merchant is easy was agreed with most often. Respondents also agreed with statements that web shops offer smooth-running payment arrangements and that it is easy to get in touch with web merchants. The properties of delivery arrangements offered by web merchants and the terms and conditions of sale, however, split respondents' opinions. In turn, the statements on swift cancellations and refunds, the ease of verifying merchants' reputations, and security of confidential information were met with more disagreement than agreement. Finally, respondents indicated their strongest disagreement with the statement that using a credit card on the Internet is safe.

In addition to better shopping times, the respondents on average were of the opinion that the Internet made it easier to deal with multiple sellers. There was also agreement with the statement that a wider selection of goods is available through the Internet. The ease of obtaining detailed information on products and services was given a more neutral rating; the mean response was only slightly in agreement with the statement. Moreover, the ease of learning other shoppers' opinions on products, sellers, and merchants received only moderate agreement. Considerable disagreement was received by the statement that web purchases are very advantageous when all associated costs are taken into consideration.

### 4.3.Attitudes on Web Transactions

The time related transaction costs of electronic purchasing were assessed by presenting the respondents with a scenario, in which they were asked how much cheaper the sales price of specific travel services should be for them to consummate the transaction electronically. They were told that a cheaper source for a travel arrangement was available on the Internet for € 500 less. The scenario set-up, however, specified that it would take an hour of the respondent's time to locate the vendor and complete the transaction.

Five out of six respondents were willing to spend an hour to transact with a cheaper source. Two out of three were willing to undertake a web transaction if the lower price met a specified criterion. One in five said that they would transact over the Internet as long as they received a better price, regardless of the amount of savings. Just one-sixth of the respondents said that they would not consummate a Internet transaction even if they could get cheaper travel arrangements that way. Table 1 displays the cross-tabulation of these three transaction condition classifications grouped by prior-Internet-purchases.

Table 1　Prior web purchases and willingness to transact electronically.

| | | | Web purchases | | |
|---|---|---|---|---|---|
| | | | No | Yes | Total |
| Classified transaction condition | Never transact | count | 106 | 19 | 125 |
| | | %within group | 84.8% | 15.2% | 100.0% |
| | Transact for a specified discount | count | 306 | 241 | 547 |
| | | %within group | 55.9% | 44.1% | 100.0% |
| | Always transact | count | 67 | 95 | 162 |
| | | %within group | 41.4% | 58.6% | 100.0% |
| Total | | count | 479 | 355 | 834 |
| | | %within group | 57.4% | 42.6% | 100.0% |

The interdependence of prior Internet purchases and attitude on performing an Internet transaction for a better deal is indicated by a Pearson's Chi-square of 55.915. The test value is 5.99 for two degrees of freedom and a risk value of .05. It may thus be concluded that the variables are not independent of one another. Moreover, the cross-tabulation of Internet purchases and attitude for web transactions have a contingency coefficient of .251 that supports the dependency conclusion.

Furthermore, the comparison of amounts of time and money considered by respondents to be sufficient inducements for using the electronic channel yield a discernible relationship between transaction time and Internet purchases. Table 2 shows the analysis of variance (ANOVA) results of this comparison.

Table 2　Analysis of discount required and search time volunteered.

| | Prior web purchases | N | Mean | Std. Deviation | Std.Error | 95%Confidence Interval for Mean | |
|---|---|---|---|---|---|---|---|
| | | | | | | Lower Bound | Upper Bound |
| Amount of discount specified for transacting | No | 306 | 489.05 | 275.86 | 15.77 | 458.02 | 520.08 |
| | Yes | 241 | 424.69 | 195.84 | 12.62 | 399.84 | 449.54 |
| | Total | 547 | 460.70 | 245.75 | 10.51 | 440.06 | 481.34 |

| ANOVA | | | | | | | |
|---|---|---|---|---|---|---|---|
| | | Sum of Squares | df | Mean Square | F | Sig. | |
| Amount of discount specified for transacting | Between Groups | 558,437.2 | 1 | 558,437.2 | 9.389 | .002 | |
| | Within Groups | 32,415,778.4 | 545 | 59,478.5 | | | |
| | Total | 32,974,215.6 | 546 | | | | |

The relationship between prior web purchases and the smaller discounts required to transact over the Internet is significant with p-value of .002. On average, respondents who had made a web purchase were willing to spend an hour for an electronic transaction if the purchase price was € 72 less. Respondents without prior web purchases, however, would consummate the transaction only if the discount was € 81 FIM on average.

## 5. Analysis and Results

The initial findings during the data aggregation revealed that respondents to the survey who had made web purchases differed in many aspects from those who had not. Opinions and attitudes regarding electronic buying showed a discernible difference between Internet buyers and conventional shoppers. The two groups also had some distinctively different characteristics in respect to web usage and experience. These differences and contrasts were consolidated to construct and test a model that predicts consumers' channel choice.

Consequently, logistic regression was chosen as the modeling tool. Binary logistic analysis is amenable to circumstances where the predictions of the model are probabilities. It is preferable to additive and multiplicative linear regression models in situations where the predictions are perceived to vary considerably because the technique avoids predicting probabilities below zero and above one. In the current case, considerable variation in model projection was present; the probabilities predicted by the model varied from near zero to almost one. Furthermore, logistic regression places no requirements on the distribution of independent variables (Sharma, 1996) and is therefore more appropriate when the multivariate normality assumption is not satisfied with the independent variables chosen. The dependent variable, a dichotomy of web purchases yes or no, was devised from responses to the question pertaining to web purchases made. The independent variables were constructed from responses relating to transaction characteristics and the EMF processes.

### 5.1.Explanatory Variables

In the survey, the questions on the opinions of the respondents on electronic purchasing were designed to indirectly disclose their channel related transaction costs. Hence, a principal component analysis was performed to discover the salient transaction cost linked information as well as to reduce the number of variables. Table 3 shows the result of the principal component extraction.

Table 3　Principal components extracted from variables characterizing transaction costs.

| Total Variance Explained | | | | | | |
|---|---|---|---|---|---|---|
| | | Component[a] | | | | |
| | | 1 | 2 | 3 | 4 | 5 |
| Initial Eigenvalues | Total | 7.27 | 1.84 | 1.39 | 1.04 | .81 |
| | % of Variance | 38.2 | 9.7 | 7.3 | 5.5 | 4.3 |
| | Cumulative % | 38.2 | 47.9 | 55.2 | 60.7 | 65.0 |
| Extraction Sums of Squared Loadings | Total | 7.27 | 1.84 | 1.39 | 1.04 | |
| | % of Variance | 38.2 | 9.7 | 7.3 | 5.5 | |
| | Cumulative % | 38.2 | 47.9 | 55.2 | 60.7 | |
| Rotation Sums of Squared Loadings | Total | 4.11 | 2.72 | 2.62 | 2.09 | |
| | % of Variance | 21.6 | 14.3 | 13.8 | 11.0 | |
| | Cumulative % | 21.6 | 36.0 | 49.7 | 60.7 | |
| Extraction Method：Principal Component Analysis. | | | | | | |
| a:Components 6 through 19 not shown | | | | | | |

Furthermore, the components were rotated in order to assist in interpreting and describing them. The variable names cross-link to the questionnaire, as show in Table 4, by using format Qxx_y, where xx is the number of the question and y is the alphabetical order of each sub-question. In Table 5 the highest factor loading for each variable is followed by an underscore. The variables that loaded highest on a given component were used to assess the component characteristic and to name it. The column headings in Table 5 show the component names assigned.

Table 4    Survey questions underlying the principal components.

| Question 17. What is your opinion on the following statements regarding WWW based sales transactions? |
| --- |
| a) It is easy to reach sellers who operate on the WWW. |
| b) It is easy to verify the trustworthiness of a web merchant. |
| c) The terms of sale offered by web shops are clear and acceptable. |
| d) It is easy to place an order with web shops. |
| e) Web shops have smooth running payment arrangements. |
| f) It is safe to use a credit card on the WWW. |
| g) Web shops have good delivery arrangements. |
| h) Cancellations and refunds are handled smoothly by web shops. |
| i) When dealing with a web shop, my confidential information is kept safe. |
| Question 18. Comparing web shopping with 'conventional' way of purchasing, what is your opinion on the following statements? |
| a) Purchases from web shops are very advantageous. |
| b) It takes less of my time to make a purchase from a web shop than buying 'conventionally.' |
| c) Buying from a web shop is easier than 'conventionally.' |
| Question 19. The following statements claim that it is easier to do business on the WWW than 'conventionally.' What do you think? |
| a) By using the WWW it is easier to deal with multiple different sellers. |
| b) By using the WWW it is easier to learn other customers' opinions on products, sellers, and services. |
| c) Through the WWW it is easier to obtain detailed information on products and services. |
| d) A wider selection of goods is available through the WWW. |
| e) Web shops have better opening hours. |
| f) It is easier to negotiate with a web merchant. |
| g) After taking into consideration all costs associated with purchasing and delivery, web purchases are very advantageous. |

The first principal component, named *settlement*, has the highest loadings from the variables assessing the trustworthiness of sellers, protection of privacy of information, and acceptability of terms of sale. These particulars of electronic purchasing are often linked to Internet payments and the reliability of deliveries by e-commerce merchants (Hoffman et al., 1999, Warrington et al., 2000). Furthermore, the component shows high loadings of variables reflecting opinions on payment procedures and credit card usage at web shops, as well as delivery and cancellation arrangements offered by electronic merchants. From the TCE viewpoint, the variables loading the first principal component reflect uncertainty related indicators.

Table 5　Characterization of the principal components extracted.

| Variables | Rotated Component Matrix[a] 成分 | | | |
| | 1（Settlement） | 2（Exchange） | 3（Search） | 4（Pricing） |
|---|---|---|---|---|
| Q17_a | .298 | .499 | .320 | -.134 |
| Q17_b | .789 | .109 | .182 | .112 |
| Q17_c | .712 | .263 | .164 | .138 |
| Q17_d | .252 | .764 | .115 | .042 |
| Q17_e | .587 | .520 | .032 | .005 |
| Q17_f | .773 | .039 | .149 | .161 |
| Q17_g | .527 | .478 | .082 | .246 |
| Q17_h | .698 | .142 | .154 | .151 |
| Q17_i | .770 | .065 | .170 | .227 |
| Q18_a | .274 | .094 | .246 | .737 |
| Q18_b | .136 | .586 | .142 | .571 |
| Q18_c | .140 | .574 | .197 | .563 |
| Q19_a | .140 | .292 | .566 | .251 |
| Q19_b | .196 | .046 | .758 | .070 |
| Q19_c | .165 | .237 | .712 | .143 |
| Q19_d | .059 | .271 | .674 | .200 |
| Q19_e | -.070 | .613 | .231 | .184 |
| Q19_f | .421 | -.076 | .507 | .187 |
| Q19_g | .378 | .035 | .273 | .701 |
| Extraction Method：Principal Component Analysis. | | | | |
| Rotation Method：Varimax with Kaiser Normalization. | | | | |
| a：Rotation converged in 9 iterations. | | | | |

The second principal component, exchange, derives its name from the high loadings for variables pertaining to the ease of placing an order and to the better opening hours of web shops. The component also has high loadings from variables relating to the timeliness and ease of completing a web transaction and the ease of reaching a web merchant. In TCE terms this principal component represents ease of verification.

The third extracted principal component is named *search*. It has the highest loadings for variables measuring the ease of learning other buyers' opinions and the effortlessness of obtaining detailed product information. The *search* component is also strongly affected by respondents' attitudes on ease of contacting multiple sellers and web shops offering an extensive selection of goods. Moreover, the variable reflecting negotiations with the merchant also loads this component highly. This may be interpreted by viewing negotiations as a search for price.

The fourth principal component, pricing, has high loadings from variables regarding price levels of web shops and the advantageousness of web purchases when delivery and other costs related to purchasing are accounted for. The *pricing* component mainly reflects the monetary cost of procuring. However, it may also be affected by the cost of time needed to complete the purchase. This is indicated by the fact that variables relating to timeliness and ease of completing a web transaction have their second highest loadings on the *pricing* component.

Next, the three background variables that relate to the respondents' web usage and experience (the length of Internet usage, net-utilization skills, and weekly surf-time) were used to extract a principal component. The principal component extracted was labeled *experience* and it accounts for 54 percent of the variance in the three variables. This principal component is used as a substitute for the TCE frequency dimension, because the actual frequency of purchases was not surveyed.

Finally, respondents' assessments on time related transaction costs were included into the model by introducing three variables based on the travel services purchase scenario. The responses were coded as two dummy variables and an enumeration of the discount required for an hour's transacting activity.

We then obtain the following raw model

$$\log it(\pi) = \beta_0 + \beta_1 C_{settlement} + \beta_2 C_{exchange} + \beta_3 C_{search} + \\ \beta_4 C_{pricing} + \beta_5 C_{experience} + \beta_6 X_1 X_2 + \beta_7 X_3$$

where

$\beta_x$ are the logistic regression coefficients

$C_{subscript}$ are the respective principal components

$X_1 = 1$ if willing to transact when explicit discount is obtainable, 0 otherwise

$X_2$ is the amount of discount required to consummate a one-hour transaction

$X_3 = 1$ if not willing to transact regardless of the discount, 0 otherwise

**5.2. Parameter Estimates**

An estimation for the values of model coefficients was obtained by using

SPSS software. The results of this procedure are shown in Tables 6a and 6b.

### Table 6a   Fitting the model.

**Case Processing Summary**

| Unweighted Cases[a] | | N | Percent |
|---|---|---|---|
| Selected Cases | Included in Analysis | 834 | 95.8 |
| | Missing Cases | 37 | 4.2 |
| | Total | 871 | 100.0 |
| Unselected Cases | | 0 | .0 |
| Total | | 871 | 100.0 |

a：If weight is in effect, see classification table for the total number of cases.

**Omnibus Tests of Model Coefficients**

| | | Chi-square | df | Sig. |
|---|---|---|---|---|
| Step1 | Step | 285.367 | 7 | .000 |
| | Block | 285.367 | 7 | .000 |
| | Model | 285.367 | 7 | .000 |
| Step2[a] | Step | -.144 | 1 | .704 |
| | Block | 285.233 | 7 | .000 |
| | Model | 285.233 | 6 | .000 |

a：A negative Chi-squares value indicates that the Chi-squares value has decreased from the previous step.

**Model Summary**

| Step | -2Log likelihood | Cox &Snell R Square | Nagelkerke R Square |
|---|---|---|---|
| 1 | 870.802 | .290 | .386 |
| 2 | 870.947 | .290 | .386 |

### Table 6b   Fitting the model (cont.).

**Classification Table[a]**

| | | | Predicted | | |
|---|---|---|---|---|---|
| | | | Web purchases | | Percentage |
| | Observed | | No | Yes | Correct |
| Step 1 | Web purchases | No | 388 | 91 | 81.0 |
| | | Yes | 122 | 233 | 65.6 |
| | Overall Percentage | | | | 74.5 |
| Step 2 | Web purchases | No | 387 | 92 | 80.8 |
| | | Yes | 121 | 234 | 65.9 |
| | Overall Percentage | | | | 74.5 |

a：The cut value is .500

**Variables in the Equation**

| | | B | S.E. | Wald | df | Sig. | Exp（B） |
|---|---|---|---|---|---|---|---|
| Step 1 | C_settlement | -.444 | .087 | 25.751 | 1 | .000 | .641 |
| | C_exchange | -.783 | .099 | 63.088 | 1 | .000 | .457 |
| | C_search | -.032 | .085 | .144 | 1 | .704 | .968 |

| | | | | | | | |
|---|---|---|---|---|---|---|---|
| | C_pricing | -.543 | .091 | 36.021 | 1 | .000 | .581 |
| | C_experience | .615 | .097 | 40.111 | 1 | .000 | 1.849 |
| | X1*X2 | -.962 | .200 | 23.172 | 1 | .000 | .382 |
| | X3 | -1.073 | .278 | 14.942 | 1 | .000 | .342 |
| Step 2 | C_settlement | -.443 | .087 | 25.710 | 1 | .000 | .642 |
| | C_exchange | -.781 | .098 | 62.975 | 1 | .000 | .458 |
| | C_pricing | -.541 | .090 | 35.909 | 1 | .000 | .582 |
| | C_experience | .621 | .096 | 42.021 | 1 | .000 | 1.860 |
| | X1*X2 | -.964 | .200 | 23.286 | 1 | .000 | .381 |
| | X3 | -1.078 | .278 | 15.096 | 1 | .000 | .340 |

| Variables not in the Equation | | | | Score | df | Sig. |
|---|---|---|---|---|---|---|
| Step 2 | Variables | C_search | | .144 | 1 | .704 |
| | Overall Statistics | | | .144 | 1 | .704 |

The principal component labeled 'search' is dropped from the model because of a low Wald-statistic value. For the same reason, the constant is omitted from the estimated logistic regression equation. If the constant were included in the model, the Wald-statistic value and significance level for the constant would be 0.198 and 0.656 respectively.

### 5.3. Sensitivity Analysis

The variables based on the principal components have comparable scaling through generation; thus, their relative weight on the model predictions are intuitive. The effects of the value of time, that is variables X1, X2, and X3, are not directly comparable with the other variables, because of different scaling. In order to assess the importance of each model variable, the parameter estimation was done anew, omitting the variables one at a time. The resulting correct predictions by the model were then compared with the full model predictions and this difference was then used to estimate the order of importance of the variables. For example, if the *exchange* variable is omitted, the model is able to predict web purchases correctly in just 70.6% of the cases. Comparing this with the 74.5% of the full model yields a reduction in accuracy of 3.9 percentage points. The relative weight of each independent variable may be then be compared by way of these changes. The *exchange* component has the strongest effect, the *pricing* component is second in relative importance, and *experience* is third. Finally, the *value of time* has the least effect on the correct predictions by the model, and the effect of the *settlement* component is the second least significant. Figure 4 depicts these reductions in the model accuracy in their order of magnitude.

The model sensitivity analysis and naming of the principal components may be worked back to exhibit the transaction cost characteristics that form the basis for the model. The exchange variable is linked to ease of verification, the experience component associates to frequency of transactions, and the settlement to uncertainty of transactions. The value of time incorporates ingredients from all transaction cost dimensions. The model variables and the corresponding transaction cost characteristics are cross-referenced in Table 7.

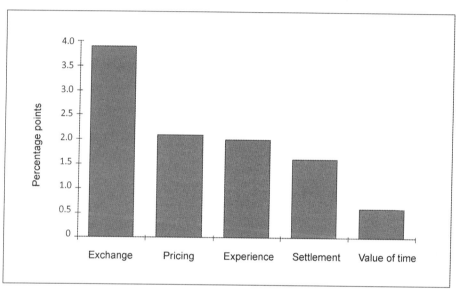

Figure 4　Model sensitivity analysis. Change in model accuracy when a predictor is omitted

Table 7　The relative weight of model variables and their correspondence with TCE components.

| Model variable (and its order of importance) | Transaction cost dimension | | | Purchase price |
|---|---|---|---|---|
| | Ease of verification | Uncertainty | Frequency | |
| Exchange (1) | X | | | |
| Price level (2) | | | | X |
| Experience (3) | | | X | |
| Settlement (4) | | X | | |
| Value of time (5) | X | X | X | X |

### 5.4.Model Validation

In the survey, the questions pertaining to respondents' opinions regarding purchase channels had one sub-question that queried plans to make a web purchase within the ensuing six months. The resulting variable was not used in constructing the model, thus keeping the model independent from the respondents' indicated likelihood of making a web purchase. This variable was used to test the validity of the predictions of the model. Answers to this question were coded on a 1 to 7 scale; 1 indicating "very likely" to make a web purchase within six months and 7 marking "not at all likely" to do so.

For validation, this indicated likelihood was transformed to a dichotomy. A new variable "stated propensity to make a web purchase" was constructed by recording responses 1 to 3 as 'yes,' 5 to 7 as 'no,' and coding 4s as missing values. The cross tabulation of the "stated propensity to make a web purchase" and the model's prediction is shown in Table 8. Due to the elimination of middle-of-the-road responses from the construction of "stated propensity to make a web purchase," the valid sample sizes in Table 6a and Table 8 are different.

Table 8    Model validation with propensity to make a web purchase.

| Stated propensity to make a web purchase * Model predicted web purchase Crosstabulation | | | | | |
|---|---|---|---|---|---|
| | | | Model predicted web purchase | | |
| | | | No | Yes | Total |
| Stated propensity to make a web purchase | No | Count | 307 | 75 | 382 |
| | | % within group | 80.4% | 19.6% | 100.0% |
| | Yes | Count | 89 | 195 | 284 |
| | | % within group | 31.3% | 68.7% | 100.0% |
| Total | | Count | 396 | 270 | 666 |
| | | % within group | 59.5% | 40.5% | 100.0% |

The interdependence of model predictions and the "stated propensities to make a web purchase" is indicated by a Pearson's Chi-square of 162.44. The test value is 3.84 for one degree of freedom and a risk value of 0.05. This leads to the conclusion that the variables are not independent of one another. Moreover, the cross tabulation of model predicted and "stated propensities of" web purchases have a contingency coefficient of 0.443 that supports the dependency conclusion.

### 5.5. Result Summary

The model correctly predicts 74.5 percent of consumers' decisions on using the electronic purchase channel. From the "Variables in the Equation" step 2 in Table 6b, we have the following estimated model:

$$\log it(\pi) = \begin{cases} -.443\,C_{settlement} - .781\,C_{exchange} - .541\,C_{pricing} + .621\,C_{experience} - .964\,X_2, \text{ when } X_1 = 1 \\ -.443\,C_{settlement} - .781\,C_{exchange} - .541\,C_{pricing} + .621\,C_{experience} - 1.078, \text{ when } X_3 = 1 \\ -.443\,C_{settlement} - .781\,C_{exchange} - .541\,C_{pricing} + .621\,C_{experience}, \text{ otherwise} \end{cases}$$

where

$C_{subscript}$ are the respective principal components

$X_1 = 1$ if willing to transact when explicit discount is obtainable, 0 otherwise

$X_2$ is the amount of discount required to consummate a one-hour transaction

$X_3 = 1$ if not willing to transact regardless of the discount, 0 otherwise

It is meaningful that the plus and minus-signs of all variables agree with the model design. *Settlement* and *exchange* reflect transaction costs associated with electronic purchasing; an increase in their values therefore reduces the likelihood of choosing the electronic channel. *Pricing* reflects the assumption that prices are more lucrative on electronic markets; a low value of the variable means agreeing with the assumption. Hence, disagreement with the assumption leads to diminishing the likelihood of web shopping. An increase in the values in *experience*, a substitute for frequency, rightly result in higher predictions for electronic purchases. The *value of time* construct—variables $X_1$, $X_2$, and $X_3$ reflecting the amount of discount deemed necessary to compensate for the time spent in completing a transaction—also correctly reflects the underlying assumption: the more one values one's time the less likely one is to spend it for bargain hunting.

# 6.  Summary and Discussion

The main objective of this study was to test the appropriateness of TCE for explaining consumers' decisions to start using electronic retailing. In pursuing that goal, we first introduced a framework that focuses on the transactional processes that constitute an electronic market transaction. That framework was then used to formulate a questionnaire that would reveal respondents' attitudes on the three dimensions of transactions: ease of verification, uncertainty, and frequency. Next, we surveyed consumers who had access to electronic markets. The differences in the responses between those who had transacted electronically and those who had not yielded a statistically discernible explanation for web shopping activity. Hence, we conclude that perceived differences in transaction costs do affect consumers' decisions about electronic purchasing.

The model developed in this paper predicts consumers' decisions to use or to refrain from using electronic markets correctly in three cases out of four. In addition to demonstrating the importance of transaction costs in the channel choice decision, the model provides estimates for the relative importance of individual transaction dimensions. Exchange process related costs (ease of verification) has the strongest effect on the probability of using electronic markets. Pricing, the perceived price advantage of the electronic channel, is second in order of importance. Consumers' experience (frequency) has the third strongest effect followed by the settlement process (uncertainty). The value of time which is affected by all transaction cost dimensions has the weakest influence.

The finding that search activities were not statistically significant at a level sufficient to justify their inclusion in the model contrasts with numerous studies that see lower search costs as the main reason for the emergence of electronic markets. Although some search costs are included as an ingredient of the value of time variable, the result may be interpreted to mean that consumers do not perceive the transactional cost of searching to be significantly different between electronic and conventional markets. Using data from the same survey, albeit from a different set of questions, Öörni (2004) reports that consumers neither increase their search when using an electronic channel nor do they achieve better search results. He interpreted this to indicate that search costs on electronic markets are not sufficiently lower to induce increased searching.

The limitations of the model lie mainly with the price and frequency variables. The estimate for the pricing variable is derived from the respondents' stated perceptions of price differences between conventional and electronic markets. Hence, it does not include price levels nor actual prices. It is perceivable that transaction costs may vary when the price of the object of trade changes. Hann and Terwiesch (2003) report on the frictional costs, defined as the disutility that the consumer experiences when conducting an online transaction, such as submitting an offer, that online shoppers face when entering into transactions with an electronic retailer. They find that these costs are higher when purchasing more expensive items. A related limitation of the model is that it does not control for the product, that is the object of purchase. It is likely that some products fit the electronic channel better than others. On that account, further study that would control for the purchase prices and the products bought is deemed appropriate.

In TCE terminology, frequency refers to the re-occurrence of transactions. Because this study compared web shoppers with conventional shoppers, the frequency for electronic trades for the latter group was not measurable. Hence, the respondents' Internet usage activity and experience was used as a substitute for frequency. While this substitution yielded results that are in line with the findings of earlier research, namely that more experienced web users are more likely to enter into electronic transactions, it is not purely TCE. Future studies that would also measure the effects of the frequency of transactions would be useful.

A field of study where both price differences and frequencies would be conveniently observable might be the travel services industry. Having been among the harbingers of electronic sales to consumers, this sector has rapidly evolved. Today one can easily find a service provider that sells both through the conventional and the electronic distribution channel and price discriminates in favor of the latter. Such a setting would befit a study that would incorporate both price differences and buyer frequency into the model presented here.

Electronic retailing is a recent phenomenon, for example Ngai and Wat (2002) argue that Internet-based electronic commerce began in 1993, and research on it has taken diverse perspectives. Chang et al. (2005) reviewed 45 empirical studies about online shopping research. They found a total of 86 independent variables for antecedents affecting online shopping usage and intention. Most of those variables were each used  in just one study. Only three of the studies reviewed referred to transaction costs, and only one of them in the TCE-connotation. That study (Liang and Huang, 1998) used the transaction cost dimension to assess product characteristics rather than transactions.

Teo and Yu (Teo and Yu, 2005) use TCE to study consumers' buying behavior on the Internet. Using uncertainty and frequency, but omitting asset specificity and purchase price, as independent variables they conclude that consumers' online buying decisions are affected by transaction costs. Hence, it would seem that the holistic TCE approach offered by this study is a new extension of the research tool kit.

The reasons why consumers shop on the Internet may be many; better prices, a more convenient shopping experience, or a wider selection of goods and services are often mentioned in both research and popular press. This study finds that no one factor alone is sufficient to explain the decision to switch from conventional to electronic shopping. Both practitioners and researchers might benefit from this holistic view of channel choice. While the success of TCE in explaining consumers' decision making is creative, it should not be surprising. TCE did, after all, arise to explain a comparable decision; if the market offers a better price than in-house production, why do firms sometimes refrain from relying on market procurement. Also, the underlying behavioral characteristics that explain transaction costs—bounded rationality, uncertainty and opportunism— may also affect consumers' decisions. The basic principle of TCE, total price = purchase price + transaction costs, is observable in consumers' decision making and it may help us to better understand consumers' transition to electronic retailing and also its success.

# References

Agarwal J & Wu T (2015) Factors Influencing Growth Potential of E-Commerce in Emerging Economies: An Institution-Based N-OLI Framework and Research Propositions. *Thunderbird International Business Review.* 57(3), 197-215.

Almunawar MN & Anshari M (2014) Applying Transaction Cost Economy to Construct a Strategy for Travel Agents in Facing Disintermediation Threats. *Journal of Internet Commerce.* 13(3-4), 211-232.

Bailey JP. 1998. *Intermediation and Electronic Markets: Aggregation and Pricing in Internet Commerce.* Ph.D., M.I.T.

Bakos JY (1997) Reducing Buyer Search Costs: Implications for Electronic Marketplaces. *Management Science.* 43(12), 1676–1692.

Benjamin R & Wigand R (1995) Electronic Markets and Virtual Value Chains on the Information Superhighway. *Sloan Management Review.* 36(2), 1.

Bogue R, Loughlin C & Loughlin C (2016) Growth in e-commerce boosts innovation in the warehouse robot market. *Industrial Robot: An International Journal.* 43(6).

Brynjolfsson E & Smith M (2000) Frictionless Commerce? A Comparison of Internet and Conventional Retailers. *Management Science.* 46(4), 563–585.

Bureau' USC 2007. U.S. Census Bureau Retail Indicators Branch (2007) Estimated Quarterly U.S. Retail Sales (Adjusted): Total and E-commerce.

Chang MK, Cheung W & Lai VS (2005) Literature derived reference models for the adoption of online shopping. *Information & Management.* 42(4), 543–559.

Che T, Peng Z, Lim KH & Hua Z (2015) Antecedents of consumers' intention to revisit an online group-buying website: A transaction cost perspective. *Information & Management.* 52(5), 588-598.

Clemons EK, Jin F, Wilson J, Ren F, Matt C, Hess T & Koh N (Year) Published. The Role of Trust in Successful Ecommerce Websites in China: Field Observations and Experimental Studies. System Sciences (HICSS), 2013 46th Hawaii International Conference on, 7-10 Jan. 2013 2013. 4002-4011.

Coase RH (1937) The Nature of the Firm. *Economica, New Series.* 4(16), 386–405.

Daniel E & Klimis GM (1999a) The Impact of Electronic Commerce on Market Structure: An Evaluation of the Electronic Market Hypothesis. *European Management Journal* 17(3), 318-325.

Daniel E & Klimis GM (1999b) The impact of electronic commerce on market structure:: An evaluation of the electronic market hypothesis. *European management journal.* 17(3), 318-325.

Denale R & Weidenhamer D 2016. Quarterly Retail E-Commerce Sales. *U.S. Census Bureau News.* Washington DC: US Department of Commerce.

Einav L, Farronato C, Levin J & Sundaresan N 2016. Auctions versus Posted Prices in Online Markets. Working paper, Stanford University.

Hann I-H & Terwiesch C (2003) Measuring the Frictional Costs of Online Transactions: The Case of a Name-Your-Own-Price Channel. *Management Science.* 49(11), 1563–1579.

Hoffman DL, Novak TP & Marcos P (1999) Building Consumer Trust Online. *Communications of the ACM* 42(4), 80–85.

Liang TP & Huang JS (1998) An empirical study on consumer acceptance of products in electronic markets: a transaction cost model. *Decision Support Systems* 24(1), 29–43.

Malone TW, Yates J & Benjamin RI (1987) Electronic Markets and Electronic Hierarchies. *Communications of The ACM.* 30(6), 484-497.

Malone TW, Yates J & Benjamin RI (1989) The Logic of Electronic Markets. *Harvard Business Review.* 67(3), 166-172.

Ngai Ewt & Wat Fkt (2002) A literature review and classification of electronic commerce research. *Information & Management* 39(5), 415-429.

Nissen ME (1997) The Commerce Model for Electronic Redesign. *Journal of Internet Purchasing.* 1(2).

ÖÖRNI A (2004) Consumer Objectives and the Amount of Search in Electronic Travel and Tourism Markets. *Journal of Travel & Tourism Marketing.* 17(2-3), 3–14.

Portal STS. 2016. *Digital Buyer Penetration Worldwide* [Online]. Hamburg, Germany: Statista GmbH. Available: http://www.statista.com/.

Renko S & Popovic D (2013) Overcoming perceptions of uncertainty and risk in e-retailing. *Business Logistics in Modern Management.* 13(23-31.

Rindfleisch A & Heide JB (1997) Transaction Cost Analysis: Past, Present, and Future Applications. *Jounal of Marketing.* 61(4), 30-54.

Sharma S (1996) *Applied Mutlivariate Techniques.* New York, John Wiley & Sons, Inc. .

Shelanski HA & Klein PG (1995) Empirical Research in Transaction Cost Economics: A review and Assessment. *Journal of Law, Economics and Organization* 11(2), 335–361.

Strader TJ & Shaw MJ (1997) Characteristics of electronic markets. *Decision Support Systems* 21(3), 185-198.

Strader TJ & Shaw MJ (1999) Consumer cost differences for traditional and Internet markets. *Internet Research.* 9(2), 82-92.

Taloustutkimus 2001. Internet Tracking 2-7/2001, Absolute figures Helsinki, Finland: Taloustutkimus Oy.

Teo Tsh & Yu Y (2005) Online buying behavior: a transaction cost economics perspective. *Omega.* 33(5), 451-465.

Warrington TB, Abgrab NJ & Caldwell HM (2000) Building trust to develop competitive advantage in e-business relationships. *Competitiveness Review* 10(2), 160–168.

Williamson OE (1975) *Markets and Hierarchies, Analysis and Antitrust Implications.* New York, New York, The Free Press.

Williamson OE (1979) Transaction-cost Economics: The Governance of Contractual Relations. *The Journal of Law & Economics.* 22(2), 233–261.

Williamson OE (1981) The Economics of Organization: Transaction Cost Approach. *American Journal of Sociology.* 87(3), 548–577.

Williamson OE (1985) *The Economic Institutions of Capitalism.* New York, New York, The Free Press.

Zhang Y, Bian J & Z   W (2013) Trust fraud: A crucial challenge for China's e-commerce market. *Electronic Commerce Research and Applications.* 12(5), 299-308.